TÄNK DIG LYCKLIG

Vad alla borde veta om positivt tänkande och attraktionslagen

Jonas Wårstad

Tryck och förlag: BoD

Omslagsillustration: Haleigh Bontrager

ISBN 978-91-7463-766-3

Förord

Tankar, eller snarare idéer, är på samma gång det farligaste som finns och det bästa som finns. Tänk på alla destruktiva och självdestruktiva handlingar som sker — mord, terrorism och så vidare — och å andra sidan på allt det fantastiska som människor gör för att hjälpa varandra och göra tillvaron här på jorden bättre och vackrare för alla. Alla dessa handlingar görs på grund av att människor får idéer som de sedan handlar utifrån. Det avgörande i samtliga fall är om idéerna är konstruktiva eller destruktiva. Positivt tänkande är alltså av avgörande betydelse både för individen och för samhället i stort.

Attraktionslagen, och kanske framför allt den därmed intimt förknippade boken och filmen Hemligheten från 2006, har fått utstå en del både förtjänt och oförtjänt kritik under årens lopp. Förtjänt på grund av att den förvisso kunde ha varit mer komplett och djupgående, och oförtjänt för att en del, inte minst förespråkare själva, har missförstått den och lovat guld och gröna skogar till alla och envar som lyssnar på Hemlighetens förkunnelse. Många tror därför felaktigt att attraktionslagen hävdar att vem som helst kan få precis vad de vill — och utan att ens anstränga sig.

För ett antal år sedan läste jag en amerikansk artikel där skribenten ställde en öppen, sarkastisk fråga som lät ungefär så här. "Om en rullstolsbunden, ful, fattig och elak 80-årig gubbe vill ha en 25-årig snygg, rik och snäll fru, fixar attraktionslagen det åt honom då?" Även här hemma i Sverige gick det faktiskt så dramatiskt till sommaren 2014 att ett studieförbund i Sverige över en natt drog in samtliga kurser som har med Hemligheten att göra. En inflytelserik manlig bloggare hade nämligen skrivit något negativt om Hemligheten och om hur vissa personer tydligen hade lovat just guld och gröna skogar i sina kurser om Hemligheten/attraktionslagen, och studieförbundet ville självklart inte riskera att dras med i denna negativa publicitet och kanske bli anklagade för eller till och med bli stämda för att ha lovat något de inte kan hålla.

Dessutom har attraktionslagen lyckats med konststycket att reta upp folk rent politiskt. Som ofta är fallet med mer eller mindre kontroversiella teorier uppstår lätt missförstånd. Om teorierna dessutom har fräckheten att antyda att den lilla människan faktiskt kan ha makt över sitt eget liv väcks gamla politiska konflikter lätt till liv. Å ena sidan vänsterpartierna som av sina motståndare anklagas för att vilja ta bort individernas styrka, makt och eget ansvar och istället låta Staten ta över all det; och å andra sidan högerpartierna som av sina motståndare anklagas för att bara vilja hjälpa de som redan är starka, rika och framgångsrika och strunta i eller till och med trampa på de svaga och fattiga.

Det är av dessa anledningar som jag beslöt att skriva en kortfattad och lättillgänglig bok som på ett sansat och realistiskt sätt tar upp essensen av attraktionslagen, men som samtidigt beskriver den ur både ett vidare och djupare perspektiv. Jag har utgått från de engelska böcker och distanskurser jag studerat i ämnet och varvat det med mina egna erfarenheter som kursledare i attraktionslagen samt mina slutsatser baserat på studier av närliggande områden.

Att skriva en bok om attraktionslagen är dock nästan som be om kritik. "Men snälla du, har inte vetenskapen redan bevisat att Hemligheten inte fungerar?", "Inte ens Thomas Di Leva tror väl på att det bara är att tänka på något man vill ha så vips får man det" eller "Jaså, du påstår att du kan allt om attraktionslagen, ja men visa mig dina Rolls Roys-bilar och ditt lyxhus så tror jag dig". Detta är smällar som en författare får ta, och är i grund och botten endast uttryck för somligas inskränkta syn på lycka samt bristande förståelse för attraktionslagens grundläggande principer.

Denna bok syftar dock inte till att bevisa att attraktionslagen fungerar. Jag är övertygad om att det inte ens *går* att bevisa — eller motbevisa — attraktionslagen. Tankars fokus och renhet och känslors djup och intensitet är av avgörande betydelse för att attraktionslagen ska fungera på bästa sätt, och det går inte att mäta tankar och känslor på det vis som egentligen hade krävts för att vetenskapligt bekräfta attraktionslagen. Det är som att vetenskapligt försöka bevisa att om båda personer i ett par tycker lika mycket om varandra så kommer båda att bli lika lyckliga, enligt "Lyckolagen". Allt faller på sin egen orimlighet. Skeptiker kommer antagligen inte att läsa denna boken i alla fall, och de som är intresserade av attraktionslagen är förmodligen inte heller ute efter att veta om den bevisats vetenskapligt, utan att få veta *hur* den fungerar och *varför*.

En sak är i alla fall säker: Ingen mår bra av att älta negativa tankar.

Jonas Wårstad

Kapitel 1
Positivt kontra negativt tänkande

Innan vi går in på attraktionslagen är det viktigt att du förstår vad positivt tänkande är, vad negativt tänkande är, och inte minst varför det är så viktigt att tänka positivt.

Varför ska man tänka positivt?

Varför ska man till varje pris tänka positivt? Och vad har det egentligen för betydelse om man tänker positivt eller negativt? När allt kommer omkring är det ju bara tankar, eller hur? Och hur skulle tankar egentligen kunna påverka vad som händer oss?

Det är faktiskt en riktigt bra fråga, som kräver ett lika bra svar. Faktum är att tankar inte bara avgör hur vi handlar och behandlar andra. De avgör också hur vi själva mår, både känslomässigt och fysiskt. Tankar är nämligen inte något som är separat från vår kropp, utan de avgör vilka hormoner vår hjärna skickar ut i kroppen. Negativa tankar ökar kortisol, som är ett slags stresshormon, och minskar dopamin, som är ett belöningshormon. Omvänt minskar positiva tankar mängden kortisol och ökar dopamin. Båda dessa hormoner har använts av hjärnan sedan urminnes tider för att styra människan till överlevnadsbefrämjande beteende. Båda hormoner har också positiva respektive negativa effekter på vår fysiska hälsa. Dopamin underlättar kroppens naturliga reparations- och underhållningsprocesser medan kortisol blockerar samma processer.

Ett bra exempel på kraften i positivt tänkande är placeboeffekten. Placebo är latin för "jag skall behaga" och innebär att en person *tror* att han ska bli frisk och därför också faktiskt blir det. (Med tro avses här en djup och orubblig övertygelse, ingen ytlig tanke.) Sedan spelar det mindre roll *varför* han tror att han kommer bli frisk — det kan vara egen övertygelse eller för att han tar ett piller (till och med ett piller utan aktiva ingredienser i, ett så kallat sockerpiller) eller för att läkaren med sin naturliga auktoritet säger att han kommer att bli frisk. En del snävtänkande människor fnyser åt placebofenomenet och kallar det nedlåtande för "inbillningsfrisk" och menar att det är ovetenskapligt. "Ska man bli frisk ska man bli det för att en läkare skriver ut medicin, inte för att man inbillar sig att man ska bli frisk!" Men är det inte egentligen fantastiskt att man genom sin egen övertygelse kan bli frisk, eller i varje fall kan öka chanserna att bli frisk? Att man genom positivt tänkande kan underlätta för kroppens naturliga reparations- och underhållningsprocesser? (Märk väl att jag här inte uppmanar någon att avstå från traditionell sjukvård. Vad jag menar är att positivt tänkande underlättar för kroppens naturliga läkningsprocesser och även för eventuella medicinska åtgärder.)

Sedan har vi placebons onda tvilling nocebo (från latinets "jag skall skada") som innebär raka motsatsen: Att man kan tänka sig sjuk ("inbillningssjuk") genom att vara övertygad om att man kommer att bli eller förbli sjuk. Det finns till och med personer som dött i cancer — men inte av själva cancern utan av cancerbeskedet! En läkares besked att "räkna med att du har sex månader kvar att leva", som i och för sig mycket väl kan medicinskt korrekt, kan i realiteten utlösa en så stor chock att patienten dör kort därefter av just chocken, inte av cancern i sig.

Detta är ytterligare bevis på hur våra tankar, föreställningar och förväntningar påverkar hjärnan och det undermedvetna, och i förlängningen även kroppen och hälsan. Positivt tänkande och även attraktionslagen som sådan handlar alltså inte bara om att få det man vill ha i livet utan även om din mentala, känslomässiga och fysiska hälsa. I extremfall kan det faktiskt också handla om liv eller död.

Varför uppstår negativt tänkande?

På psychologytoday.com publicerades en artikel "How Negative is Your Mental Chatter?" ("Hur negativt är ditt inre prat?") den 10 oktober 2013 om en studie som utförts på studenter. Den visade att inte mindre än 60-70 procent av deras spontana tankar var negativa. Och det räcker ju med att lyssna på folk till vardags för att inse att det kanske ligger något i det. Varför är det då så vanligt med negativitet?

En bra teori har framförts av den amerikanske författaren Rick Hanson i boken Hardwiring Happiness. Där skriver han att hjärnan helt enkelt är programmerad att tänka negativt för vår överlevnads skull. Under människans långa och strapatsfyllda historia, vilken typ av ledare tror du ledde sin grupp tryggast till överlevnad? Den positiva/optimistiska/modiga eller den negativa/pessimistiska/försiktiga? Låt oss göra ett tankeexperiment för att demonstrera detta. Din grupp ska passera ett område med tätt buskage. Det innebär att där kan finnas farliga kattdjur och andra stora rovdjur som bara väntar på att ett lämpligt byte ska passera — gärna mumsiga människor som dessutom springer långsamt på sina två ben. Den positiva gruppledaren tänker att det går nog bra, där finns nog inga farliga djur, medan den negativa ledaren tänker att där *kan* finns farliga djur och väljer därför hellre en omväg på betryggande avstånd från buskaget. Vem av ledarna tror du leder sin grupp in i döden först? Ja, naturligtvis den positiva. Att ständigt utgå från fara medförde visserligen omvägar och stressfyllt negativt tänkande men man undvek i alla fall att hamna i magen på något stort rovdjur. Sett utifrån den synvinkeln är det kanske inte så underligt att negativitet och pessimism i så hög grad genomsyrar dagens människa.

En annan anledning till negativt tänkande är att hjärnan faktiskt älskar att lösa problem. I valet och kvalet mellan en positiv och en negativ tanke tenderar hjärnan därför att välja den negativa för att den ser det som en möjlighet att lösa ett problem. Denna förkärlek till att fokusera på problem kan leda till att den i sin iver hoppar från problem till problem istället för att nöja sig med en bra lösning och sedan koppla av. Se bara på folks tendens att lösa korsord och sudoku, se på filmer och TV-serier med nya mordgåtor eller mysterier varje vecka, etcetera.

Hur uppstår negativt tänkande?

Grunden till negativt tänkande läggs redan tidigt i barndomen av barnets (oftast välmenande) föräldrar och andra vuxna auktoriteter. Fram till omkring sex års ålder befinner sig barns hjärnor faktiskt i ett djupt hypnotiskt tillstånd (delta och theta) även om de till synes är fullt vakna. Hjärnan fungerar då i princip som en dator som är vidöppen för instruktioner och kommandon (program). Detta är en rest från människans strapatsfyllda evolution där barn har varit tvungna att snabbt lära sig de färdigheter de behöver för att överleva. Mellan cirka sex och tolv års ålder befinner sig hjärnan fortfarande i ett hypnotisk tillstånd men i ett lättare sådant, alfa, som motsvarar lättare trans eller dagdrömmeri. Om de som vuxna sedan gör som de är programmerade så producerar deras hjärnor belöningshormoner och de känner sig trygga. Så finurligt har naturen räknat ut det.

Ett barn *lär* sig alltså faktiskt sitt framtida negativa tänkande. På samma sätt får de begränsande föreställningar — det du tror är sant men som faktiskt begränsar dig på ett negativt sätt. Ett exempel på detta är en hårt arbetande far som i sin frustration och ilska över att pengarna aldrig tycks räcka till familjens grundläggande behov tutar i barnen och frun att pengar minsann inte växer på träd. Det är en sak att lära sina barn att ha en sund inställning till inkomster kontra utgifter, att inte slösa med pengar på ett oansvarigt sätt och att ha en hälsosam respekt för ärligt intjänade pengar. Men det är en helt annan sak att ge barn en pessimistisk bild av möjligheten att tjäna pengar när de blir stora.

En vanlig anledning till negativt tänkande är alltså att man tagit över sina föräldrars negativa tänkande och gjort det till sitt eget tänkande. Detta är något som många gör omedvetet och det kan komma som en chock när någon inser att de tänker precis som sin mamma eller pappa.

Tre andra vanliga anledningar till negativt tänkande är ankare-principen, repetitions-principen och bekräftelse-principen. Ankare-principen innebär att människor har en tendens att klamra sig fast vid och övervärdera det *första* de hörde om något. Informationen eller åsikten "sätter sig" då ungefär som ett ankare i hjärnan. Någon som exempelvis fick höra av sin mamma eller pappa att "honung är nyttigt" kan alltså mycket väl fortsätta att slaviskt äta honung dagligen, även om personen kanske inte ens tycker om honung. Repetitions-principen innebär att om vi hör, läser eller tar emot ett påstående upprepade gånger så antar hjärnan att det måste vara sant. Som ett exempel på detta kan nämnas TV-reklam. (Ja, TV-reklam är faktiskt så listigt utformad att den utnyttjar dessa psykologiska principer som en slags "hjärntvätt för folket".) Bekräftelse-principen innebär att vi ignorerar fakta som utmanar våra föreställningar och bara tar till oss ny information om den bekräftar eller förstärker det vi redan vet. Att blunda för fakta är ett exempel på detta.

Positivt tänkande — lättare sagt än gjort?

Vi har väl alla varit med om det. Man bestämmer sig för att nu minsann ska jag börja tänka positivt! Man börjar med positiva affirmationer. Jag är fantastisk! Jag är lycklig och framgångsrik! Allt kommer gå superbra!

En vecka senare har det dock inte hänt så mycket positivt. Det känns som om man går i motvind och de positiva affirmationerna känns i bästa fall som ouppnåeliga drömmar och i värsta fall som ett hån. Varför? Vad var det som gick snett?

Problemet är inte att positivt tänkande i sig inte fungerar, för det gör det. En positiv attityd är jätteviktigt för att man ska må bra och nå det man vill ha. Problemet är snarare att många teorier och böcker om positivt tänkande helt enkelt lär ut det på fel sätt och börjar med en alldeles för stark positiv tanke eller drömbild. Denna genompositiva tanke eller bild skapar dock ofta ett frö av misstro djupt inom dig. Ditt medvetna jag kanske tror på det, eller i varje fall vill tro på det, men fröet av misstro sitter i ditt oerhört kraftfulla undermedvetna — och där växer det till sig till den grad att ditt undermedvetna till slut motsätter sig hela idén, och då saboteras allt.

Varför beter sig ditt undermedvetna så dramatiskt? Varför verkar det motsätta sig att du vill bli framgångsrik och lycklig? Förklaringen är visserligen inte logisk, men dock enkel. Ditt undermedvetna, som ju till stor del formats av dina föräldrar, gillar inte när du har vad det uppfattar som "alltför positiva" tankar, exempelvis att du klarar vad som helst. Det vill nämligen skydda dig från att misslyckas. Ditt undermedvetnas definition av lycka är sannolikt inte pengar i överflöd, bilar, enormt lyxhus, etcetera. Istället värdesätter ditt undermedvetna *trygghet*. Det tänker som så att du har ju överlevt hittills, och alla förändringar innebär därför en potentiell risk att du inte längre kommer att överleva. Ja, det undermedvetna är verkligen så dramatiskt och motsätter sig alltså frenetiskt allt som det uppfattar som en potentiell risk mot din överlevnad — inklusive alla stora försök från din sida till "positivt tänkande" och andra riskabla tankar.

Men inte nog med att det undermedvetna är oerhört mycket starkare än det medvetna sinnet. Det undermedvetna har också den styrkan att det aldrig sover eller ens vilar, medan ditt medvetna sinne måste sova på natten och fokusera på alla dagliga göromål under dagen, så rent tidsmässigt vinner också det undermedvetna stort. Du hamnar alltså i princip i konflikt med dig själv, och det undermedvetna vinner nästan alltid.

Faran här ligger i att folk kan få för sig att de inte är *ämnade* att vara lyckliga och därför ger upp inför det till synes övermäktiga undermedvetna. Sanningen är dock att ditt undermedvetna bara vill skydda dig från att misslyckas, ungefär som en överbeskyddande förälder. Om du har misslyckas med positivt tänkande förstår du alltså nu varför. Det var helt enkelt inte ditt fel, för du hade alla odds mot dig. Så vad är lösningen?

Kapitel 2
Positivt tänkande på rätt sätt med 4-stegsmetoden

Att bara passivt acceptera alla negativa tankar är ingen bra lösning för det leder till oro och rädsla och i värsta fall till att vi inte förverkligar några av våra drömmar överhuvudtaget. Att tänka positivt *på rätt sätt* är nyckel till det hela. Men för att tänka positivt på rätt sätt måste vi först förstå hur vårt undermedvetna ser på det hela. Vi fastslog i förra kapitlet att det tenderar att reagera negativt på starka positiva tankar. Det är nästan som om det undermedvetna har fobi mot starka positiva tankar. Och om vi faktiskt betraktar det som just en fobi så är vi genast halvvägs mot lösningen! För hur löser man fobier? Det brukar psykologer göra med desensibilisering. Det innebär att en person med fobi, exempelvis mot spindlar eller folksamlingar, under kontrollerade former gradvis utsätts för det som de har fobi mot tills de inte längre reagerar så starkt och inser att spindeln eller folksamlingen inte utgör någon fara.

Vi kan alltså tillämpa denna desensibiliserings-teknik på det undermedvetna. Det undermedvetna blir då "patienten" och fobin blir "positiva tankar". Vi gör detta i fyra steg som gradvist innebär mer och mer positiva tankar, ungefär som att bestiga ett berg. Man vänjer alltså det undermedvetna vid mer och mer positiva tankar. Då får du det med dig på din sida och i slutänden accepterar det också de faktiska förändringar du vill införa i ditt liv.

Denna 4-stegsmetod utformades av Dr Mark Rogers, expert i neurovetenskap (www.neurokarmaproject.com). Med hans benägna tillstånd återger jag den här, något modifierad och utvecklad. Han menar att färre steg än fyra gör att stegen lätt blir för stora och branta, och att fler steg kan göra att man tappar sugen för att man inte upplever att det går snabbt nog. Tre steg innan den slutliga genompositiva tanken brukar alltså vara lagom.

Steg 1

Man brukar säga att bara det att fastställa exakt vad problemet är, är halva lösningen på problemet. Det ligger någonting i det. Innan du kan välja vilken fras du ska använda i det första steget måste du fastställa vilka negativa tankar som den positiva frasen är tänkt att motverka. Det verkar kanske uppenbart, men i många fall ligger de negativa tankarna på lur under ytan och påverkar dig mer eller mindre omedvetet, ungefär som en krypskytt. Du får alltså kanske använda en del självanalys här och skriva ner allt du hittar. Ett sätt att göra detta på är att stanna upp i situationer där du märker att du har negativa tankar och observera dem objektivt. Vad är det egentligen du tänker om dig själv och dina förmågor och möjligheter? Ett annat sätt är att sätta dig ner en stund med slutna ögon och tyst observera den inre monolog som pågår under ytan. (Denna inre monolog brukar pågå mer eller mindre konstant hos de flesta.) Där brukar ofta finnas dolda men icke desto mindre destruktiva negativa tankar.

När du väl har fastställt dina negativa tankar är det dags att motverka dem. Här i det första steget gör du det med *balanserande* tankar, som på ett mjukt sätt motverkar de negativa tankarna utan att utmana ditt undermedvetna. Vi väljer därför formuleringar som är lätta att hålla med, till och med för ditt överbeskyddande undermedvetna. Vi öppnar dörren till *möjligheten* till förändring, med försiktiga ord som "kanske". Vi använder oss av allmänna ord och formuleringar som är tillämpliga på *alla* människor, exempelvis "lycka är naturligt". Vi tar inte upp något personligt här eftersom det undermedvetna i ett så här tidigt stadium kan avfärda det som orealistiskt.

Här följer några exempel på konkreta fraser som är lämpliga i detta steg, inom de fyra vanligaste områden där folk vill ha en förändring: Lycka, pengar, kärlek/relationer och hälsa. (OBS! När det gäller fraser för hälsa, tänk på att positiva tankar inte ska *ersätta* att rådfråga läkare. Det bästa är att både rådfråga läkare *och* ha positiva tankar om sin hälsa.)

Exempel på fraser för lycka - steg 1

Kanske alla kan bli lyckliga

Kanske alla kan känna lycka

Kanske lycka har en plats i allas liv

Kanske lycka är naturligt

Kanske lycka är lika viktigt som kunskap och visdom

Kanske kan lyckan komma imorgon

Precis som solen, skiner kanske lyckan på alla ibland

Alla kan bli lyckliga

Alla kan känna lycka

Lycka har en plats i allas liv

Lycka är naturligt

Lycka är lika viktigt som kunskap och visdom

Lyckan kan komma imorgon

Precis som solen, skiner lyckan på alla ibland

Exempel på fraser för pengar - steg 1

Kanske alla kan bli rika

Kanske världen egentligen är full av pengar

Kanske alla kan sträva efter mer pengar än de har

Kanske pengar möjliggör att man kan göra gott i världen

Att hjälpa andra kan kanske belönas med pengar

Rika människor är kanske som alla andra

Kanske kan pengar vara en attitydfråga

Alla kan bli rika

Världen är egentligen full av pengar

Alla kan sträva efter mer pengar än de har

Pengar gör det möjligt att göra gott i världen

Att hjälpa andra kan belönas med pengar

Rika människor är som alla andra

Pengar kan vara en attitydfråga

Exempel på fraser för kärlek/relationer - steg 1

Kanske finns det kärlek för alla

Kanske finns det någon för alla

Kanske alla förtjänar kärlek

Den som söker efter kärlek kanske finner den

Kärlek är kanske ingen omöjlig dröm

Chansen att finna kärleken är kanske minst lika stor som att inte finna den

Kärleken finns kanske där man minst anar det

Det finns kärlek för alla

Det finns någon för alla

Alla förtjänar kärlek

Den som söker efter kärlek finner den

Kärlek är ingen omöjlig dröm

Chansen att finna kärleken är minst lika stor som att inte finna den

Kärleken finns där man minst anar det

Exempel på fraser för hälsa - steg 1

Kanske alla kan få bättre hälsa

Kanske kroppen kan läka sig själv bättre än vad man tror

Kanske finns det gamla människor som ändå är pigga och friska

Kanske finns det människor med sjukdom som ändå lever ett bra liv

Kanske det finns massor med människor som varit jättesjuka men som blev friska

Kanske alla kan anamma en hälsosammare livsstil

Kanske alla kan ha hopp

Kanske alla förtjänar god hälsa

Alla kan få bättre hälsa

Kroppen kan läka sig själv bättre än vad man tror

Det finns gamla människor som ändå är pigga och friska

Det finns människor med sjukdom som ändå lever ett bra liv

Det finns massor med människor som varit jättesjuka men som blev friska

Alla kan anamma en hälsosammare livsstil

Alla kan ha hopp

Alla förtjänar god hälsa

Det finns folk som ser mycket yngre ut än vad de är

Läkarvetenskapen gör framsteg hela tiden

Märk väl att detta bara är exempel. Du kan naturligtvis omformulera dem eller skapa helt nya som kanske passar dig bättre, så länge du håller dig inom ramen för rekommendationerna för steg 1.

Skulle du känna att dina tankar inte är så negativa och du inte känner igen dig i steg 1, kan du mycket väl hoppa över detta steg och börja på steg 2 istället. 4-stegsmetoden måste anpassas till just din situation, annars kommer vissa steg att kännas onödiga och du kan tappa lusten att fortsätta.

Huruvida du ska använda dig av ordet "kanske" eller ej beror på hur pass starka dina negativa tankar är som du vill balansera. Är de riktigt negativa kan du börja med att använda "kanske", för att sedan ta bort det ordet när du känner att det hela har balanserats. Du kan exempelvis börja med "kanske lycka har en plats i allas liv" och använda den frasen i ett antal dagar tills det känns som om ditt undermedvetna har accepterat den idén. Därefter kan du prova med "lycka har en plats i allas liv" tills det känns som om ditt undermedvetna har accepterat den idén.

Jag rekommenderar att du tänker dessa positiva fraser regelbundet efter ett schema, exempelvis varje gång du äter eller tvättar händerna, eller varje hel timme. Du bör också medvetet och systematiskt ersätta alla eventuella negativa tankar med positiva tills det har blivit en vana för ditt undermedvetna att tänka positivt.

Enligt Mark brukar man kunna gå vidare till steg 2 efter en halv till en vecka, men det är naturligtvis individuellt så du måste känna efter när det är rätt för dig att gå vidare. Detta är ingen tävling utan du måste ta den tid du behöver. Du kan inte lura ditt undermedvetna. En tidsgräns som brukar nämnas i samband med att ersätta gamla ovanor med nyare och bättre vanor är inom självhypnos där man brukar rekommendera att lyssna på en och samma inspelning dagligen under tre veckors tid.

Jag kommer medvetet att upprepa de viktiga punkterna du ska ha i åtanke i alla fyra stegen. Det är viktigt att du inte missar något, oavsett vilket steg du befinner dig på.

Steg 2

Nu när ditt undermedvetna har vant sig vid tanken att något positivt faktiskt kan hända vem som helst så kan du börja introducera dig själv i fraserna. Här i steg 2 öppnar du alltså ditt undermedvetna för möjligheten att goda ting kan hända *dig* med. Håll dig dock på en lugn och trygg nivå så att ditt undermedvetna inte strävar emot. Därför bör du använda ordet "kanske".

Här följer några exempel på konkreta fraser som är lämpliga i detta steg, inom områdena lycka, pengar, kärlek/relationer och hälsa.

Exempel på fraser för lycka - steg 2

Kanske jag med kan bli lycklig

Kanske även jag kan känna lycka

Kanske lycka har en plats i mitt liv

Kanske även jag har rätt till lycka

Kanske jag kan välja att vara lycklig

Det finns saker jag kan göra för att bli lyckligare

Kan man glädjas åt små saker har man mycket att vara glad över

Jag har hopp om lyckan, och hopp är jätteviktigt

Exempel på fraser för pengar - steg 2

Kanske jag kan sträva efter mer pengar än jag har

Kanske jag har rätt till pengar så det räcker

Kanske jag kan leva ett liv där pengar inte är mitt största problem

Kanske jag förtjänar att ha pengar

Kanske jag kan välja att ha pengar

Det finns saker jag kan göra för att få mer pengar

Jag har hopp om pengar, och hopp är jätteviktigt

Exempel på fraser för kärlek/relationer - steg 2

Kanske finns det kärlek för mig med

Det finns kanske någon där ute för mig

Kanske jag förtjänar kärlek

Jag kanske också är värd att bli älskad

Det finns saker jag kan göra för att hitta kärleken

Jag har hopp om kärleken, och hopp är jätteviktigt

Exempel på fraser för hälsa - steg 2

Kanske jag med kan bli frisk

Det finns kanske hopp för mig med

Kanske jag förtjänar god hälsa

Kanske min kropp kan läka sig själv bättre än vad jag tror

Kanske jag orkar mer än vad jag tror

Kanske hög ålder är förenligt med god hälsa

Kanske är jag egentligen friskare än jag tror

Jag kan anamma en hälsosammare livsstil

Det finns saker jag kan göra för att förbättra min hälsa

Jag lär mig steg för steg hur man förbättrar sin hälsa

Jag har hopp om hälsan, och hopp är jätteviktigt

Det är naturligt att hälsan vacklar ibland, så är det för alla

Det känns som om jag är på väg att bli starkare och friskare

Märk väl att detta bara är exempel. Du kan naturligtvis omformulera dem eller skapa helt nya som kanske passar dig bättre, så länge du håller dig inom ramen för rekommendationerna för steg 2.

Jag föreslår att du tänker dessa positiva fraser regelbundet efter ett schema. Du bör också medvetet och systematiskt ersätta alla eventuella negativa tankar med positiva tills det har blivit en vana för ditt undermedvetna att tänka dessa försiktigt positiva tankar.

Gå vidare till steg 3 när det känns rätt för dig att gå vidare.

Steg 3

Nu när ditt undermedvetna i steg 2 har vant sig vid tanken att något positivt faktiskt kan hända just dig, ska du *öka* möjligheten att det positiva händer dig. Här i steg 3 gäller det alltså att bli *mer* positiv och optimistisk, bland annat genom att ta bort ordet "kanske" i fraserna. Som i de tidigare stegen ska du dock hålla dig på en lugn och trygg nivå, och inte använda alltför kraftfulla formuleringar som ditt undermedvetna kan protestera mot.

Här följer några exempel på konkreta fraser som är lämpliga i detta steg, inom områdena lycka, pengar, kärlek/relationer och hälsa.

Exempel på fraser för lycka - steg 3

Även jag kan bli lycklig

Jag kan bli lycklig

Även jag kan vara lycklig

Jag kan vara lycklig

Även jag kan känna lycka

Jag kan känna lycka

Även jag har rätt till lycka

Jag har rätt till lycka

Jag gör allt jag kan för att bli lycklig

Jag vill verkligen vara lycklig

Lycka har en plats i mitt liv

Det är tryggt och bra för mig att vara lycklig

Exempel på fraser för pengar - steg 3

Jag kan sträva efter mer pengar än jag har

Jag har rätt till att ha pengar så det räcker

Jag kan leva ett liv där pengar inte är mitt största problem

Jag förtjänar att ha pengar

Jag gör allt jag kan för ha gott om pengar

Jag vill verkligen ha gott om pengar

Jag förtjänar pengar lika mycket som alla andra

Jag kommer att få mera pengar

Det är tryggt och bra för mig att ha pengar

Exempel på fraser för kärlek/relationer - steg 3

Det finns kärlek för mig med

Det finns någon där ute för mig

Jag förtjänar kärlek

Jag är också värd att bli älskad

Jag är värd att bli älskad

Jag förtjänar kärlek lika mycket som alla andra

Jag gör allt jag kan för att hitta kärleken

Jag vill verkligen hitta kärleken

Jag kommer hitta kärleken i livet

Jag hittar kärleken i livet

Exempel på fraser för hälsa - steg 3

Jag har god hälsa

Jag är friskare än vad jag tror

Jag orkar mer än vad jag tror

Min kropp kan läka sig själv bättre än vad jag tror

Jag förtjänar god hälsa

Hög ålder är absolut förenligt med god hälsa

Min vilja att bli frisk ökar för varje dag

Min kropp blir friskare och friskare för varje dag

Jag gör allt jag kan för att bli frisk

Jag är på god väg att bli frisk

Min kropp är byggd för att växa sig stark och frisk

Jag vet att jag blir friskare för varje dag som går

Livskraften växer i min kropp

Jag kommer att blir frisk och allt kommer att bli bra

Märk väl att detta bara är exempel. Du kan naturligtvis omformulera dem eller skapa helt nya som kanske passar dig bättre, så länge du håller dig inom ramen för rekommendationerna för steg 3.

Jag föreslår att du tänker dessa positiva fraser regelbundet efter ett schema. Du bör också medvetet och systematiskt ersätta alla eventuella negativa tankar med positiva tills det har blivit en vana för ditt undermedvetna att tänka dessa positiva tankar.

Gå vidare till steg 4 när det känns rätt för dig att gå vidare.

Steg 4

I steg 3 vande sig ditt undermedvetna vid tanken att något positivt absolut kan hända dig. Här i steg 4 har vi nått slutstationen. Nu behöver du inte längre hålla dig på en lugn och trygg nivå utan du kan lägga in högsta växeln och använda vilka ord du vill och hur kraftfulla formuleringar du vill — sådana du kan läsa om i de flesta böcker om positivt tänkande.

Märk väl att du inte *måste* dra på för fullt. Du har en fri vilja och bara du kan bestämma vilka mål och gränser du vill sätta för dig själv i livet. De flesta vill känna sig tillfreds med tillvaron och ha god hälsa och goda och givande relationer med andra, men alla vill inte nödvändigtvis ha en massa pengar, stort hus eller lyxbilar.

Här följer några exempel på konkreta fraser som är lämpliga i detta steg, inom områdena lycka, pengar, kärlek/relationer och hälsa.

Exempel på fraser för lycka - steg 4

Jag är lycklig

Jag är jättelycklig

Jag känner mig lycklig

Jag känner mig jättelycklig

Jag väljer att vara lycklig

Jag är hur lycklig som helst

Lyckan ler mot mig!

Jag är lyckligast i världen!

Exempel på fraser för pengar - steg 4

Jag har alltid pengar så det räcker

Pengar kommer till mig närhelst jag behöver det

Pengar är aldrig ett problem för mig

Jag kan bli hur rik som helst

Jag är jätterik

Jag är rik som ett troll

Jag förtjänar att vara rik

Ju mer pengar jag har desto mer kan jag hjälpa andra

Exempel på fraser för kärlek/relationer - steg 4

Jag hittar lätt en partner som passar mig

Kvinnor dras till mig

Män dras till mig

Jag förtjänar verkligen en riktig toppenkvinna

Jag förtjänar verkligen en riktig toppenman

Jag är ett riktigt kap

Exempel på fraser för hälsa - steg 4

Jag är frisk

Jag är hur frisk som helst

Jag är frisk som en nötkärna

Jag orkar allt jag vill

Jag har utmärkt hälsa

Jag har energi och hälsa som en tjugoåring

Jag är full av liv och glädje

Min kropp kan läka sig själv

Märk väl att detta bara är exempel. Du kan naturligtvis omformulera dem eller skapa helt nya som kanske passar dig bättre.

Jag föreslår att du tänker dessa positiva fraser regelbundet efter ett schema. Du bör också medvetet och systematiskt ersätta alla eventuella negativa tankar med positiva tills det har blivit en vana för ditt undermedvetna att tänka dessa genompositiva tankar.

Tinningsknackning (temporal tapping)

Jag tänkte avsluta det här kapitlet med en föga känd teknik kallad temporal tapping, vilket på svenska blir ungefär tinningsknackning. Denna teknik kombinerar flera kraftfulla inslag som neurologisk omprogrammering, självsuggestion och repetition. Tekniken användes ursprungligen inom den urgamla kinesiska hälsoläran för att minska smärta. Grundaren av modern kinesiologi, George Goodheart, upptäckte på 1970-talet att genom att knacka lätt med fingertopparna (engelska "tappning") på tinningen kan man temporärt omprogrammera hjärnans sätt att filtrera sinnesintryck. Detta finns beskrivet i Donna Edens bok Energy Medicine. Om man uttalar en affirmation, det vill säga en positiv tanke som exempelvis fraserna i steg 1-4, medan man lätt knackar med fingertopparna där, så är hjärnan extra mottaglig för affirmationen. Detta ska bero på att just tinningloberna har med våra vanor att göra. Om man stimulerar tinningloberna på detta sätt blir det alltså lättare att bryta gamla vanemönster och skapa nya sådana.

Mer konkret går det till så att medan du säger exempelvis "jag är jättelycklig" så knackar du lagom hårt med fingertopparna (utom tummarna) i en halvcirkel runt öronen. Börja framför öronen och fortsätt uppåt, runt öronens ovansida och hela vägen ner till öronens baksida. Det tar bara några sekunder. Gör denna knackning fem gånger i rad. Jag läste någonstans att knackningen "sitter i" i cirka 30 minuter. Det finns naturligtvis inga vetenskapliga undersökningar om just det men om det stämmer kan du upprepa denna procedur en gång i halvtimmen för bästa effekt.

Om man vill utveckla denna teknik ytterligare menar Donna Eden, och säkert andra med, att man kan eller till och med bör använda olika fraser för de båda hjärnhalvorna: Negerande ord (ej, inte, aldrig) för den vänstra hjärnhalvan och en helt positiv fras för den högra. (Ingen regel utan undantag för hos en del vänsterhänta personer är situationen omvänd. Är du vänsterhänt kan du i så fall testa dig fram till vad som helt enkelt känns mest rätt.) Detta grundar sig på teorin att den vänstra hjärnhalvan anses vara den kritiska och skeptiska halvan som förstår och till och med föredrar negerande ord, medan den högra hjärnhalvan tänker på ett enklare och mer okritiskt sätt, ungefär som ett litet barn, och inte förstår negerande ord. Du kan exempelvis börja med frasen "jag blir inte stressad när jag är under tidspress" för vänster tinning, och använda "jag förblir lugn i alla lägen" för höger tinning.

Kapitel 3
Attraktionslagen i teori och praktik

Nu när du vet hur du ska tänka positivt på rätt sätt är du redo att lära dig attraktionslagen. Det vill säga om du vill och känner dig redo. Mitt förslag är att du åtminstone läser igenom detta kapitel och bestämmer dig för om du vill använda denna lag till din fördel. (Du kan naturligtvis också välja ut vissa delar av attraktionslagen som du vill prova. Det måste inte vara allt eller inget.) Min förhoppning är att du ska se att det inte finns några nackdelar med att känna till lagen och att den egentligen bara är en förlängning av positivt tänkande. Man kan likna attraktionslagen vid en storebror till positivt tänkande, med ett bredare användningsområde och en djupare bakomliggande teori.

Det har skrivits många spaltmeter om denna ofta missförstådda lag, både av anhängare och motståndare. Som ofta är fallet med mer eller mindre kontroversiella teorier uppstår lätt missförstånd bland både anhängare och motståndare. Antagligen beror denna indelning i två läger i stor grad på dessa missförstånd, samt inte minst på den tidigare nämnda bekräftelse-principen varvid vi ignorerar fakta som utmanar våra föreställningar och bara tar till oss ny information om den bekräftar eller förstärker det vi redan tror.

Som jag skrev i förordet har attraktionslagen och den därmed förknippade boken Hemligheten fått utstå en del både förtjänt och oförtjänt kritik under årens lopp. Förtjänt på grund av att den kunde ha varit mer komplett och djupgående, och oförtjänt för att en del, inte minst förespråkare själva, har missförstått den och lovat guld och gröna skogar till alla och envar som lyssnar på Hemlighetens förkunnelse.

Jag ska nu göra mitt bästa för att förklara och reda ut begreppen beträffande attraktionslagen, sett ur ett brett och djupt perspektiv. Vi börjar från början med dess bakgrund för att sedan gå in på teori, och avslutar med hur man kan använda den rent praktiskt.

Bakgrund

Attraktionslagen (Law of Attraction) är nog mest känd från filmen och boken Hemligheten från 2006. Somliga har därför gett den stämpeln new age-flum. Det tidshistoriska perspektivet talar dock emot new age eftersom attraktionslagen beskrivits i böcker betydligt tidigare än så, bland annat i *Thought Vibration or the Law of Attraction in the Thought World* (”Tankevibration eller attraktionslagen i tankevärlden”) av William Walker Atkinson från 1906 (exakt 100 år innan Hemligheten!) och i *The Science of Getting Rich* (”Vetenskapen om hur man blir rik”) av Wallace Wattles från 1910. Exakt var attraktionslagen har sina rötter är oklart eller rent av ett mysterium. Själva principen finns dock omnämnd i olika former i bland annat 1800-talets mysticism. Även bibeln omnämner liknande principer ("som du sår ska du skörda") och i österländska filosofier finns begreppet *karma* — dock med den skillnaden att medan världsreligionerna fokuserar på vad du *gör* mot andra fokuserar attraktionslagen på vad du *tänker* på.

Teori

Attraktionslagen (i fortsättningen förkortad till AL) hävdar kortfattat att det du tänker och fokuserar på får du också mer av — oavsett om det du tänker på innebär något positivt eller något negativt för dig. Ju mer dina tankar och ord och därmed också dina känslor kretsar kring en viss omständighet eller person, desto mer drar du till dig (attraherar) omständigheten eller personen. Precis som vilken annan naturlag som helst sägs AL vara ständigt i kraft, varje sekund, oavsett om du är medveten om lagen eller ej.

Grundprincipen är alltså extremt enkel: Fokusera dina tankar på *det du vill ha*, inte på vad du *inte* vill ha. Men trots att denna princip är så enkel, eller kanske just på grund av att den är så enkel, kan det vara svårt att följa den. Detta beror säkerligen också på människans tendens att fokusera på det negativa (se kapitel 1).

Finns det då något vetenskapligt belägg för AL? Både ja och nej. Det finns bevisade bakomliggande teorier som AL grundar sig på. Den grundar sig delvis på kvantfysiken, som utgår från att allt i grund och botten är energi. Allting, hela universum, är ett enda stort sammanhängande energifält. Redan 1887 utfördes ett experiment i USA, Michelson/Morley-experimentet, som skulle fastställa huruvida något som kallades "eterfältet" — ett fält som innefattar allting vi ser och varseblir och där allt påverkar allt annat — fanns eller ej. De kom fram till att ett sådant fält *inte* finns. Nästan 100 år senare, 1986, gjorde US Air Force (det amerikanska flygvapnet) om i princip samma experiment, fast med bättre mätutrustning, och de kom fram till att ett sådant fält faktiskt finns! Resultatet publicerades i Nature Journal (Aug 1986, Vol 322). Efter det hände inget mer. Fastän det egentligen var en mycket betydelsefull upptäckt skrev otroligt nog inga andra tidskrifter eller tidningar om det.

Även Einsteins relativitetsteori (E=MC2) beräknade hur mycket energi (E) som en viss mängd materia (M) motsvarar. Det intressanta i den formeln är likhetstecknet mellan energi och materia. Att materia ÄR energi.

Det centrala i AL är dock ordet attraktion. Tanken att energier naturligt attraherar — drar till sig — andra energier med samma frekvens. Att lika drar till sig lika. Det kallas resonans. Teorin grundar sig på att allting vibrerar med en viss frekvens eller våglängd. Även din kropp omges av, eller snarare är, ett mätbart elektromagnetiskt fält med en viss frekvens. Eftersom en tanke också är en form av energi bestäms din frekvens av vad du tänker. Det du tänker och därmed känner för stunden påverkar alltså din kropps elektromagnetiska fält, eller din "energikropp". När du mår och känner dig bra har du hög frekvens/vibration och när du mår dåligt har du lägre frekvens/vibration.

Dessa förändringar i frekvens sker blixtsnabbt; så fort du skiftar ditt tankefokus ändras frekvensen med. I varje given stund finns det alltså en viss frekvens i din energikropp och denna frekvens drar till sig energier (omständigheter och personer) med samma frekvens.

I och med att vi själva producerar elektromagnetiska fält och vår omgivning består av samma typ av fält kan vi påverka vår omgivning. Om du ändrar vad du tror är sant eller kommer att bli sanning omprogrammerar du också ditt undermedvetna, som på ett djupare kvantfysiskt plan står i direkt förbindelse med ditt eget energifält och därmed hela universum. Där har du AL i ett nötskal.

Min egen teori här är att AL egentligen har varit en nödvändighet i människans långa evolution. Att människan sedan urminnes tider, speciellt innan talförmågan kom, har fått förlita sig till visualisering och mentalt fokus för att få och hitta det hon behöver, exempelvis föda. Tänker man efter är det ju naturligt att tänka på det man är ute efter. På så sätt kan vårt undermedvetna beordra våra sinnen att söka efter det som hjärnan visualiserar och filtrera bort allt ovidkommande.

Att skapa positiva vibrationer

Nu ska vi lära oss exakt hur man bär sig åt för att skapa positiva vibrationer. Själva knepet ligger i att skapa ett mentalt tillstånd som höjer vår energikropps vibrationer till en nivå som tillåter de förändringar som vi vill ha i livet. Samtidigt måste vi tala om för vårt undermedvetna vad det är vi vill ha. Detta gör vi med tre komponenter:

Visualisering i kombination med känsla, i repetition. Det är dessa tre faktorer — visualisering, känsla och repetition — som det undermedvetna reagerar starkast på.

Visualisering

Somliga har lätt för att visualisera, det vill säga medvetet och metodiskt se något bestämt för sin inre syn, medan andra har svårare för det. Det går att öva upp och är väl värt den tid du lägger ner på det.

Låt oss säga att du vill ha ett nytt jobb — ett jobb som du trivs bra med. Att bara då och då oengagerat eller i värsta all frustrerat tänka "jag vill ha ett nytt jobb" leder oftast ingen vart, för då saknas nämligen alla tre faktorerna (visualisering, känsla och repetition). Istället ska du börja med att metodiskt visualisera dig själv i detta nya jobb. Det gör du genom att visualisera det du vill ha med så många av dina inre sinnen som möjligt. Syn, hörsel, fysisk (taktil) känsel, lukt, smak och inre känsla. Det är inget krav att alla dessa sinnen alltid måste vara med, men du ska ta med så många som möjligt och alla intryck ska vara positiva för dig.

I exemplet ovan kan du visualisera hur det ser ut på din nya arbetsplats. Väggar, bord, personer, miljö, färger, nyanser, ljuset — allt som har med synintryck att göra. Sedan lägger du till hörselintryck. Hur låter det när folk pratar? Ljud från datorer, maskiner, din bil, vad du nu än väljer. Sedan lägger du till taktil känsla. Hur känns det att gå och stå på golvet? Att röra vid väggarna? Att skaka hand med dina nya arbetskollegor? Att sitta i din nya stol? Nu kan du ta med dofter. Känner du någon speciell doft där? Kontorsmiljö?

Blomdofter? Parfymer du gillar? Frisk och nyvädrad luft? Sedan smak. Finns där någon smak? En perfekt kopp kaffe med din nya chef eller arbetskollega? Sedan tar du inre känsla. Hur *känns* det när du tar in alla dessa sinnesintryck tillsammans? Vilken känsla ger det dig inombords att ha just detta jobbet? Känner du dig varm? Djupt lycklig? Mysig? Behaglig till mods? Nöjd? Upprymd? Just känslan är det allra viktigaste. Visualiseringen är egentligen mest till för att underlätta för dig *skapa* just den känslan. Sedan håller du bara kvar denna positiva känsla en stund, så länge din tid tillåter.

Det sägs att skådespelaren Jim Carrey i början av sin karriär gick omkring med en check i sin ficka på en miljon dollar. Den var naturligtvis ogiltig för han hade skrivit den själv, men varje gång han stoppade ner handen i fickan kände han den; han kunde läsa summan en miljon dollar och känna hur det skulle kännas att ha den summan.

När du visualiserar är det mest effektiva att föreställa dig att du *redan har* det du vill ha. Vad som sker då är att din hjärna med tiden märker av en inkongruens, det vill säga att din inre bild när du visualiserar inte stämmer överens med den yttre verkligheten. Då gör ditt plikttrogna undermedvetna allt det kan för att skapa en *kongruens*, det vill säga en överensstämmelse mellan det du visualiserar och den yttre verkligheten.

Det ger också mycket bättre och snabbare resultat om du sitter eller ligger ner med slutna ögon. Då hamnar du nämligen i alfa, ett tillstånd av mental avslappning där visualisering underlättas. Ytterligare en anledning att utföra visualisering i alfa är att det också blir mer effektivt eftersom suggestioner, i detta fall din visualisering, har upp till 200 gånger starkare effekt på det undermedvetna i alfa än i fullt vaket tillstånd (beta).

Känsla och passion

Äkta känsla och passion är mycket kraftfullare än enbart ord och tankar utan någon känsla bakom. Detta beror på att hjärnans och hjärtats elektromagnetiska fält påverkar och är ett med kroppens eget elektromagnetiska fält, eller vår energikropp. Hjärtats elektriska fält är dock 60-100 gånger starkare än hjärnans elektriska fält, och hjärtats *magnetiska* fält är hela 5000 gånger starkare än hjärnans magnetiska fält! Det räcker alltså inte med att bara säga några ord eller titta på en önskelista varje dag. Det vi *känner* i hjärtat är mycket viktigare och starkare än vad vi tänker och säger med hjärnan.

För att få dina mål att manifesteras krävs alltså en speciell form av energi som du skapar inom dig genom att hålla fast vid en stark, positiv känsla och passion. Du kan likna dig vid en segelbåt, där båten är din kropp, seglen, masterna och rodret är dina tankar, medan dina känslor, din passion och entusiasm är vinden som sätter fart på allt. Utan dem spelar det ingen roll hur stort segel du har.

Just av denna anledning är passion och entusiasm till stor hjälp eftersom med konstant passion behöver du inte tänka på att fokusera på samma tanke eller känna samma känsla hela tiden, utan det kommer av sig självt.

Längtan kontra desperation

Längtan är lika viktigt. Vill du verkligen, verkligen ha det och längtar efter det? Eller är du *desperat* att få det? Längtan och desperation är två sidor av samma mynt, men längtan är en positiv och stärkande känsla medan desperation är en negativ och destruktiv känsla. Och som du vet vid det här laget kommer desperation enligt AL bara att göra dig än mer desperat.

Tilltro

Henry Ford, grundaren till det extremt framgångsrika amerikanska Ford Motor Company, sa "Oavsett om du tror att du kommer att lyckas eller tror att du kommer att misslyckas så kommer du att få rätt." Och det ligger mycket i det. Det är av avgörande betydelse vad du har för tankar, idéer och föreställningar kring det du vill uppnå. Är du övertygad om att du kan och kommer att nå ditt mål? Har du full tilltro till det? Är det en djup och orubblig övertygelse, och inte bara en ytlig tanke? Det enda rätta svaret är ett rungande JA. Annars bör du gå tillbaks till kapitel 2 och börja jobba med dina tankar tills du når steg 4.

Hur ofta ska man visualisera?

Du bör göra visualisering regelbundet — inte bara när du hinner eller "vid tillfälle", vilket i realiteten inte brukar bli så ofta! Det handlar i grunden om prioritering och målmedvetenhet, och kanske framför allt om att skapa nya rutiner. Det tar inte mer än några minuter att göra denna visualiseringsövning, speciellt inte när du väl lärt dig och blivit van vid att visualisera.

Jag rekommenderar att du visualiserar tre gånger om dagen: Direkt när du vaknar, efter dina dagliga aktiviteter som exempelvis efter jobbet, och sedan innan du somnar. Det är tre naturliga tidpunkter då du antingen redan är lite halvdåsig eller behöver vila en stund och alltså har lättare att försätta dig i alfa.

Men du bör också hålla dina mål i fokus så mycket du kan under dagens lopp så att du ständigt påminner ditt undermedvetna om vad det är du vill ha. Ett tips här är att sätta upp skrivna påminnelsefraser eller bilder eller fotografier på dina mål så att du ser dem under dagens lopp, exempelvis på badrumsspegeln, vid din dator eller på kylskåpet. På så sätt blir du ständigt påmind om att du ska visualisera. Genom att hålla din hjärna sysselsatt och fokuserad på dina mål håller du samtidigt negativa tankar borta.

Listan

Nu när du vet hur du ska visualisera är det dags att skriva ner på en lista exakt vad det är du *vill* visualisera — vad det är du vill ha och uppnå i livet. Det kan verka uppenbart och självklart att man vet vad man vill här i livet, men faktum är att de flesta inte har skrivit ner en lista över vad de egentligen vill ha ut av livet. Många fokuserar inte ens på mer än vad deras omedelbara mål för dagen eller veckan är. Att sätta klara mål är annars en av de vanligaste metoderna i självhjälpsböcker och det är också ett av de vanligaste råden som livscoachar brukar ge. Och det med rätta. Utan ett klart mål blir vi som ett löv som blåser än hit och än dit, vart än vinden för oss.

Ju fler sinnen man involverar när man skriver desto bättre kommunicerar man med det undermedvetna, så det bästa är att skriva med en riktig penna på ett riktigt papper. Att röra handen och samtidigt läsa det man skriver involverar din taktila känsel och synen. I andra hand kan du skriva ner den på en fil i datorn; det involverar samma sinnen, dock inte i samma utsträckning. Att bara tänka på listan i huvudet involverar inga yttre sinnen alls utan bara inre.

Skriv ner vad du vill ha, ungefär som en lista till jultomten. Låt idéerna flöda fritt i ditt undermedvetna och anteckna allt som dyker upp. Stoppa inte flödet när du väl kommit igång. Inget är för litet eller för stort. Ta med alla tankar som kommer, även om de skulle kännas oviktiga eller omöjliga. Du kan alltid prioritera och stryka när du är klar.

Tänk här på att inte låta dig styras av andra när du funderar över dina mål. Det är lätt att låta sig påverkas av andra när det gäller vad man "bör" sträva efter här i livet, inte minst av sina föräldrar när det gäller exempelvis yrkesval. Vänner och bekanta och den kultur man lever i har ofta också synpunkter på vad man bör sträva efter. Karriären, pengar, materiella ting, hus, bilar, stuga och frekventa exotiska utlandsresor är vanliga symboler på social framgång. Här måste du vara helt ärlig mot dig själv och fråga dig vad du egentligen vill ha i livet. Jag påstår inte att du inte ska sträva efter materiella ting. En del vill verkligen ha pengar och materiella ting, medan andra prioriterar ett naturnära liv där lugn och ro kan stå överst på listan. Du måste alltså se till att det är din egen inre röst som talar när du skriver din lista, inte andras röster. Det finns många olika slags mål, så vad klingar mest sant för dig?

Har du svårt att komma på något? Många är faktiskt inte vana vid att fundera över vad de vill ha. Istället kanske de fokuserar mest på sådant de är missnöjda med och klagar på olika omständigheter. Om du känner att du har svårt att komma på vad du vill ha kan du istället börja med att skriva ned vad du *inte* vill ha. Exempelvis "jag är trött på mitt jobb med dåliga arbetstider, dålig lön, gnälliga arbetskamrater och en dum chef". Sedan frågar du dig själv "OK, så vad vill jag ha istället?" Nu kan du börja definiera vilken typ av jobb du vill ha. Då kan det kanske se ut så här, "jag vill ha ett arbete som jag trivs med, med trevliga arbetskamrater, bra lön och en bra chef". Du väljer alltså helt enkelt raka motsatsen till vad du skrev ner först.

En annan aspekt av detta är människans tendens att vara emot något. Att protestera mot något dåligt för den goda sakens skull, exempelvis miljöförstöring, krig, utrotning, fattigdom, svält, missbruk, djurplågeri, barnarbete, kvinnomisshandel, låga löner, orättvisor, kriminalitet, etcetera. Det är helt naturligt och självklart att de allra flesta av oss inte vill ha något av detta. Dessa negativa faktorer har dock funnits länge på jorden och har knappast minskat i omfattning med åren. En del förklarar detta med "människans natur" eller att de flesta människor helt enkelt inte bryr sig med följden att de som kämpar emot inte är tillräckligt många. Det kanske ligger något i det. Enligt AL växer dock det man fokuserar på. Själva problemet här är alltså fokuset på det negativa; på det vi *inte* vill ha. Om man istället formulerar sig med positiva fraser — för en ren miljö, för fred, för bevarande av djurarter, för mat åt alla, för en drogfri miljö, för kvinnors rättigheter, etcetera — så blir *känslan* helt annorlunda och därmed vibrationerna. Om du säger "jag är emot krig" eller "jag är för fred" så är det samma betydelse rent språkmässigt, men känslomässigt och vibrationsmässigt är det stor skillnad, och enligt AL blir det då också mycket lättare att uppnå det du vill.

Jag rekommenderar att du inte visar listan för någon utan behåller den för dig själv. Det kan vara frestande att stolt visa upp listan för sina nära och kära men risken är att de inte är lika entusiastiska eller övertygade som du. Är du stark i din övertygelse kanske du inte tycker att du påverkas av deras negativitet, men det kan ända krypa in tvivel i ditt undermedvetna och sätta sig som frön av misstro där, och då vet vi ju hur det går med den önskningen (se kapitel 1).

När listan är klar frågar du dig om det är något som du tänkte skriva ner men av olika anledningar inte gjorde. Gör i så fall det. Du ska ha med allt som ditt undermedvetna räcker dig.

Nu är det dags att växla om mentalt från att öppet och okritiskt lyssna inåt till att kritiskt granska listan. Nu kan du om du vill stryka saker som du känner inte är aktuella längre. Kanske någon önskning passade dig när du var yngre men inte nu längre? Se bara till att om du stryker något, gör det då bara för att du helt enkelt inte vill ha det längre, inte för att det känns omöjligt eller ouppnåeligt.

Nästa steg är att stryka eventuella orimliga eller onaturliga mål som strider mot vanligt, sunt förnuft. AL är nämligen underordnad de vanliga, kända naturlagarna. Är du 170 cm lång kan du självklart inte bli två meter (trots att längdökningspreparat faktiskt förekommer i vissa länders TV-reklam!) Har du ingen bollkänsla alls lär du aldrig kunna bli världsetta i fotboll. Därmed inte sagt att du inte kan bli *bättre* i exempelvis fotboll eller ha *kul* med bollspel, trots att du kanske saknar Den Stora Talangen. Jag menar bara att du ska ha *rimliga* mål som inte kommer att göra dig besviken.

Nu är listan färdig! Nu ska du bocka för alla saker på listan som du anser att du förtjänar. Detta är faktiskt en slags kugguppgift, för det ska finnas en bock framför varje punkt. Finns det ingen bock är något fel. Antingen får du bearbeta önskningen med metoderna i kapitel 2, eller får du ta bort punkten helt från listan. Om du känner att du inte förtjänar något kommer du med största sannolikhet inte heller att få det, för ditt kraftfulla undermedvetna kommer att hindra dig.

Sista steget är att ta en titt på punkterna en och en och se till att de är specifika. Om du vill ha en bil, skriv då inte bara "en bil". Skriv exakt vad det ska vara för modell, färg, etcetera. Detta underlättar nämligen din visualisering och gör den mer effektiv. Vill du ha en livspartner, skriv då ner hans eller hennes egenskaper. Vill du ha pengar, skriv då ner hur mycket. Vill du ha ett hus, skriv då ner exakt hur det ska se ut, antal våningar, storlek, färg, byggmaterial, läget, etcetera. Se det som om du beställer något på postorder. Då beställer du ju inte bara "en byxa" utan du anger exakt vilken färg, modell och storlek du vill ha. Om du inte gör det kommer du inte att få just de byxorna du vill ha. Var alltså specifik när du skriver ner dina mål. Du behöver dock inte skriva ner *när* du ska ha nått målet eller ens hur det ska gå till. I AL överlåter vi sådana praktiska detaljer till det undermedvetna. Din enda uppgift här är att visualisera. (Mer om detta i nästa punkt *Från tanke till handling.*)

Du kan egentligen visualisera hur många mål du vill, om du har tid. Det är dock effektivare, och för de flesta antagligen också enklare, att fokusera på bara ett eller ett par mål åt gången. Jag rekommenderar alltså att du omsorgsfullt väljer ut ett till två mål som är de viktigaste för dig, och börjar med dem.

Från tanke till handling

Det som brukar hända när man påbörjar sin visualisering är att man får till sig tankar och idéer. I början kan det vara ett virrvarr av tankar, bilder och känslor, men efterhand brukar det komma fler och fler rena idéer och uppslag om hur du ska kunna nå dina mål. Det kan exempelvis vara namnet på någon person som skulle kunna hjälpa dig eller en affärsidé som kan generera pengar. På grund av att du visualiserar nya mål dyker det alltså upp en ny typ av idéer som du kanske inte har uppmärksammat förr, och de kan komma i princip när som helst under dygnet.

Detta är ditt undermedvetnas sätt att göra sitt jobb. Det börjar helt enkelt leta efter sätt att göra verklighet av det du visualiserar. När du visualiserar talar du nämligen om för dina sinnen vad de ska söka efter, och det är ditt undermedvetnas uppgift att se till att den inre sanningen, det vill säga dina tankar, känslor och bilder, blir till en yttre sanning, det vill säga till verklighet.

När hjärnan och det undermedvetna börjar öppna sig för andra möjligheter måste du vara öppen för de idéer som kommer till dig. Du bör också skriva ner dem. Lita inte på att du kommer ihåg dem utan att anteckna. Även om du normalt sett har bra minne så är din hjärna i och med visualiseringen nu mer fokuserad på att komma på nya idéer än att just minnas, så ett bra tips är därför att alltid ha med dig papper och penna eller laptop. Annars kan du missa en god idé som vid första anblicken kanske inte verkar vara en så god idé. (Efter att ha funderat en tid står det dig dock fritt att välja att ta till dig eller att avfärda idéerna.)

Att anteckna underlättar och uppmuntrar också ett fortsatt idéflöde. Du har ju satt igång en process i ditt undermedvetna och om du "tackar nej" till det som kommer genom att inte fästa uppmärksamhet vid det så känner ditt undermedvetna av det och drar ner på flödet för att det utgår från att du inte vill ha fler sådana tankar. Det försöker bara göra sitt jobb och betjäna dig på bästa sätt. (Detta är också nyckeln till författare, skribenter, musiker, konstnärer och andra som är beroende av sin kreativitet för sitt yrke eller sin passion.)

Det finns en skämtsam historia som belyser vikten av att vara öppen för idéer. En man sitter strandsatt på en öde ö. Efter en vecka kommer det en båt och vill rädda honom.

Han tackar dock nej med förklaringen att han väntar på att bli räddad av Gud. Efter ytterligare en vecka kommer en annan båt och vill rädda honom. Mannen svarar dem samma sak. Efter ännu en vecka kommer en tredje båt och han svarar dem samma sak, att han väntar på att Gud ska rädda honom. Kort därefter dör mannen av törst och svält och kommer till himlen, där han argt frågar Gud varför han inte kom och räddade honom. Gud svarar "Men jag skickade ju tre fartyg till dig". Denna smålustiga historia belyser människans ofta snäva och inskränkta inställning till möjligheter. Många är väldigt fokuserade på endast en typ av möjligheter och utesluter därmed alla andra typer av möjligheter.

Här är ett litet experiment som du kan göra på dig själv eller andra. Det visar på ett väldigt konkret och påtagligt sätt att vi inte är medvetna om alla sinnesintryck som vår hjärna tar emot, utan att det är vi själva som genom vår medvetna eller omedvetna programmering av vårt undermedvetna bestämmer vad vi vill bli medvetna om, och att vi därigenom direkt eller indirekt begränsar inflödet av idéer.

Se dig omkring i rummet eller din omgivning och lägg märke till alla röda föremål. Du har 30 sekunder på dig. Blunda. Räkna nu upp alla blå föremål du såg. Ja, blå. Inte så lätt va? Hjärnan har naturligtvis registrerat alla föremål oavsett färg men har bara gjort dig medveten om de röda, i och med att det var de röda föremålen som du bad hjärnan göra dig medveten om. Man ser alltså bara det man vill se.

Det undermedvetnas jobb är alltså att ge dig tankar, idéer och uppslag. Sedan tar ditt eget ansvar över. För att manifestera dina önskningar och mål krävs handling. Du måste *agera* på idéer och möjligheter och engagera dig i handlingar och aktiviteter som stöder drömmarna och målen.

Är du redo?

Nu uppstår en ny fråga. Är du redo för de eventuella utmaningar du kan komma att ställas inför för att nå ditt mål? Om du exempelvis visualiserar att du ska bli rik som ett troll får du räkna med att ditt undermedvetna kommer att ge dig relativt stora och krävande idéer om hur du skulle kunna bli det. Det faller på sin egen orimlighet att alla som vill bli mångmiljonärer skulle vinna på tipset eller Lotto eller få ett stort oväntat arv från någon avlägsen rik släkting. Du kommer istället att ställas inför krävande utmaningar som att krypa ut ur din trygghetszon och satsa pengar, tid och energi på mer eller mindre riskabla projekt, kontakta människor och få dem med dig på dina idéer, ställa upp på intervjuer och hålla tal, stå emot olyckskorpar som försöker övertyga dig om att det aldrig kommer att gå, och mycket mera. Är du redo för det? Jag försöker absolut inte avskräcka dig eller avråda dig från att ha stora mål. Jag vill bara att du ska vara medveten om hur AL fungerar när det gäller stora mål. Är du redo så känner du säkerligen det inom dig, och då är det bara att sätta igång! Ett tips är att varje dag göra något som du vet med dig är ett steg i rätt riktning men som känns nervöst eller obekvämt för att det ligger utanför din bekvämlighetszon. Det är så man växer.

Budskap från framtiden

Budskap från framtiden är en övning som du kan göra för att få fler konkreta idéer till hur du ska kunna nå dina mål. Du bör vara relativt bra på att visualisera när du utför den, och ha lugn och ro omkring dig.

Steg 1: Blunda.

Steg 2: Peka mot framtiden. Använd ditt fysiska finger och peka mot en punkt framför dig som för dig symboliserar din framtid. Se denna punkt för din inre syn.

Steg 3: Föreställ dig att du flyter ut ur din fysiska kropp och beger dig mot din framtid. Om det underlättar kan du visualisera din kropp under dig.

Steg 4: Känn hur du helt har lämnat din fysiska kropp bakom dig och befinner dig i din egen framtid. Välj en tidpunkt som känns bra och realistisk för dig; en tidpunkt då du vill ha nått dina mål, exempelvis fem eller tio år i framtiden.

Steg 5: Använd visualisering för att göra din framtid exakt så som du vill ha den. En framtid där inget fattas. Vem är där med dig? Hur bor du? Vad jobbar du med? Vilka hobbys och intressen har du? Vad äger du för materiella ting?

Steg 6: Flyt nu in i din framtida kropp, ditt framtida Jag.

Steg 7: Föreställ dig nu att du befinner dig i din framtid i denna nya idealmiljö. Nu är det dags att verkligen *ta in* alla intryck. Några exempel: Hur ser du ut? Vad har du för kläder? Vad ser du? Vad har du för sällskap? Hur ser din omedelbara omgivning ut? Hur ser miljön och den övriga omgivningen ut? Vad hör du? Är det någon du tycker om som pratar med dig? Hör du din favoritmusik? Vad känner du för behagliga dofter och smaker? Nylagad mat? Frisk luft? Känner du någon beröring? Kramar någon dig? Känner du med handen på väggen eller soffan i ditt nya hus? Klappar du något husdjur?

Steg 8: Nu är det dags att känna efter hur alla dessa intryck får dig att *känna dig inombords*. Hur känns det inom dig? Känner du dig lycklig? Nöjd? Exalterad? Upprymd? Håll kvar denna känslan en stund, så länge som du vill eller som känns bäst.

Steg 9: Detta är det viktigaste steget. Flyt upp ur din framtida kropp. Vänd dig om och se tillbaks mot nuet. Blicka ut över tiden mellan framtiden och nuet och observera vilka steg du tagit för att nå dit du är i framtiden. Hur fick du det så bra? Hur tänkte du? Vilka handlingar tog du? Vilken kunskap förvärvade du?

Steg 10: Ta med dig dessa lärdomar och insikter när du nu sjunker tillbaks in i din kropp här och nu. Anteckna allt viktigt så du inte glömmer något.

Du kan även använda steg 1-8 som en del av din dagliga visualisering.

Att leva i det blå

Det sägs att man ska ha sitt huvud uppe bland molnen men att fötterna ska stå stadigt på marken. Detta gäller i allra högsta grad även AL. Det finns människor som i sin naivitet tror att allt de behöver göra är att vifta bort allt negativt från sina tankar så kommer inget negativt att hända dem. De tänker att bränder, olyckor, överfall, konkurser, skilsmässor med mera bara sker om man är rädd för att de ska ske, och om man inte tänker på det så sker det inte. Njae, riktigt så enkelt är det inte. Det är visserligen en fin tanke men den är naiv och fullständigt orealistisk. Om dåliga saker bara sker dem som förväntar sig att det ska ske, då hade ett oskyldigt barn som inte ens vet vad pengar eller fara är kunnat gå med stora sedlar i handen genom ett skumt område utan att bli bestulen eller värre. Eller en storstadsmänniska hade kunnat gå genom en djungel utan att bli överfallen eller uppäten av djur han inte vet existerar.

Negativa saker sker i själva verket ofta på grund av *okunskap* och *oaktsamhet*. Det fick de gamla Shaolin-munkarna i det gamla Kina erfara när de helt fokuserade på andlighet och meditation (yin). Tanken var god, men munkarna hade en svaghet. De hade sin inre frid (yin) men saknade yang, det vill säga kraft och förmåga att *försvara* den inre friden med. Detta upptäcktes av rövare och andra som lätt kunde överfalla munkarna och ta deras tillhörigheter etcetera. Munkarna tog emellertid sitt ansvar och balanserade sin brist på yang genom att lära sig självförsvar — till den milda grad att de blev i princip oövervinnliga.

Det är viktigt att komma ihåg att det finns fler naturlagar och andliga lagar än just AL. Du kan inte påverka eller sätta de lagarna ur verket med AL. AL är bara en kugge i livets stora kugghjul. Du måste ha en (avslappnad) medvetenhet om risker och inte minst vidta normala och rimliga försiktighetsåtgärder. Med sådan kunskap har du visserligen potentiella faror i åtanke, men du har lärt dig hur du ska undvika dem. Följaktligen finns det ingen rädsla i ditt energifält utan bara välgrundad trygghet och kunskap.

Att ha bilbältet på, bruka normal försiktighet i trafiken, se sig för när man är ute på platser eller tider när det kan vara otryggt, lära sig en realistisk form av självförsvar, låsa dörrar, släcka levande ljus och många andra försiktighetsåtgärder — allt detta är att signalera omdöme, ansvarsfullhet och insiktsfullhet till universum. Att inte göra så är att be universum om läxor.

Den fria viljan

Man kan aldrig påverka eller kontrollera andras fria vilja. AL är till för att skapa förändringar inom dig själv, inte hos andra. Du kan alltså inte välja ut en viss person och tänka att han/hon ska göra si eller så eller bli min, inte ens om du anser att det vore det bästa för personen. Lagen om den fria viljan är en orubblig andlig lag som löper parallellt med AL, och man har aldrig rätt eller ens möjlighet att påverka andras fria vilja. (Naturligtvis finns det uppenbara undantag, exempelvis om en person är i färd med att skada sig själv eller andra.) Den fria viljan är nämligen helig. Detta illustreras på ett tragikomiskt sätt i filmen Bruce den allsmäktige (Bruce Almighty) från 2003. Där får Bruce (galant spelad av Jim Carrey) prova på att vara Gud en tid, och hans Ego tar över helt när han i desperation försöker få sin före detta flickvän att vilja ha tillbaks honom. Där hjälper inte ens hans tillfälliga Gudskrafter utan han får bittert smaka på Lagen om fri vilja.

Därmed inte sagt att man inte kan använda AL till att försöka bättra på en relation med någon, eller till och med i syfte att skapa en kärleksrelation, och visualisera sig själv med någon annan i en sådan relation, med ömsesidig respekt och lycka. Det som då kan hända är att du exempelvis får idéer om hur du ska kunna få den andra personen att tycka bättre om dig, kanske genom att förändra ditt beteende. Kom dock ihåg här att om det inte innebär andlig utveckling för den andra personen, eller om han/hon av olika anledningar verkligen inte vill vara med dig, så kommer det heller inte att ske. AL är inte svart magi eller voodoo — sådant handlar om kontroll, inte om kärlek och ömsesidig respekt, och kommer aldrig att leda till någon sann lycka för någon inblandad.

Ditt Högre Jag

Allt styrs andligt, från något som kallas Ditt Högre Jag. Det är den del av ditt väsen som står i direkt kontakt med Universum, Det Stora Energifältet, Gud, det undermedvetna, kosmos, kvantfältet, enhetsfältet, eller vad man nu väljer att kalla det. Ditt Högre Jag kan sätta gränser för dina önskningar för att hjälpa dig att nå sann andlig utveckling i längden. Det ser helt enkelt till att du får det som är bra för dig ur andlig synpunkt. Dessutom finns det något som kallas själskontrakt; vissa saker har man genom sitt Högre Jag planerat att lära sig och det kan man inte bara trolla bort med AL. När man väl lärt sig läxan, vad den nu än är, drar man inte till sig sådana situationer längre.

Egot å andra sidan är den "mindre andliga" delen av ditt väsen. Det är kopplat till dina "lägre" drifter som bara tillfredsställer Egots psykologiska behov, exempelvis av beröm, beundran, social status, självhävdelse eller strävan efter snabba eller omedelbara psykologiska eller fysiska belöningar. Egot gör att vi kan få "låga" mål som bara leder till ytlig psykologisk eller fysisk tillfredsställelse. Är du 70 år och vill ha en fru eller man som är 25, utan att det involverar gemensamma "högre" behov, lär du också möta på motstånd, inte bara från din omgivning utan även från Ditt Högre Jag, som säkerligen inte ser att det skulle gagna dig på annat sätt än att tillgodose dina behov av förhöjd status genom att bli sedd med en ung fru eller kanske som ett desperat försök att psykologiskt vidmakthålla din sedan länge förlorade ungdom.

Märk väl att du inte ska stryka något från din lista som du känner hade gjort dig lycklig på djupet. Jag ber dig bara ha i åtanke att om Ditt Högre Jag vet att något inte kommer att leda till något positivt för dig så kommer det inte heller att stötta dig när det gäller just det målet, eller kanske till och med försöka stoppa dig via ditt undermedvetna (och som du läste i kapitel 1 är det undermedvetna oerhört starkt). Du har dock som alltid fortfarande en fri vilja. Du kan välja att ändå sträva efter vad du vill. Det kommer kanske att leda till att du kommer åtminstone en bit på vägen och kanske också upplever en del glädje och lycka från det. Men om det innebär att det sker på någon annans bekostnad, exempelvis inkräktar på deras fria vilja eller går emot deras eget Högre Jag, kommer det med all säkerhet att bli en relativt kortvarig lycka för dig. Då ska du inte skylla på AL eller denna bok utan förstå att det finns andliga lagar och andliga planer på en högre nivå som du kanske inte till fullo förstår ännu. Och då är det kanske dags för dig att fundera på om målet verkligen är för ditt eget bästa.

Omvänt kan man säga att strävar du efter mål som inte bara gynnar dig som individ utan även är för andras bästa eller kanske till och med mänsklighetens bästa så kan du räkna med att få Ditt Högre Jag och universum med dig till fullo. Man behöver inte missunna sig själv någonting om man tänker på det sättet; tvärtom är det så att ju bättre man själv mår desto bättre kan man också hjälpa andra.

Kapitel 4
Attraktionslagen: Tio specialtips

I det förra kapitlet lärde du dig grunderna i AL. Detta kapitel är en slags fortsättningskurs där du får fler infallsvinklar på AL och får lära dig fler sätt och metoder för att få AL att fungera ännu bättre. Punkterna är inte i någon särskild ordning men är ändå numrerade för att du lättare ska kunna hitta dem, och du kan fritt välja ut vilka du vill prova att använda.

1. Tänk på vad du tänker på

Om det finns något område i ditt liv som du är missnöjd med — exempelvis relationer, pengar eller hälsan — så har du högst sannolikt negativa tankar om det; antingen medvetna sådana eller dolda under ytan i ditt undermedvetna. Om du frågar vilken framgångsrik eller lycklig person som helst om deras tankar inom just det område där de är lyckliga eller framgångsrika så kommer du säkerligen att höra positiva och optimistiska tankar från dem.

Därmed inte sagt att precis allt du är missnöjd med i ditt liv beror på negativt tänkande (i synnerhet inte när det gäller din hälsa). Det betyder inte heller att "alla misslyckade människor får skylla sig själva". Vad jag menar är att om du är missnöjd med något i ditt liv så finns det alltid utrymme för att rannsaka dina tankar och ersätta eventuella negativa tankar med positiva (se kapitel 1 och 2) och på så sätt öka dina chanser att förbättra ditt liv inom just det området.

2. Tänk på vem du umgås med

Omge dig med personer som är positiva och stöttande för dig. Detta låter självklart men de allra flesta har personer i sin bekantskapskrets som de egentligen inte mår bra av. Jag säger inte att du bara ska omge dig med ja-sägare som bara håller med allt du säger hela tiden. Vad jag menar är att du mår bäst av att främst umgås med personer som du mår bra av att umgås med. Som vill ditt bästa och accepterar dig som du är, och som samtidigt är helt ärliga och uppriktiga när du frågar dem någonting.

Detta är speciellt viktigt om du vill att AL ska fungera på bästa sätt för dig. Låt oss säga att du vill använda AL till att få mer pengar. Även här är ditt sällskap av största vikt. Man brukar nämligen tjäna ungefär lika mycket pengar som dem man oftast umgås med. Detta beror inte på någon slags magi utan helt enkelt på att man medvetet eller omedvetet tar till sig och påverkas av de tankar, idéer och föreställningar som råder i ens egen umgängeskrets om vad som anses som normalt och till och med möjligt.

Föreställ dig att en grupp mångmiljonärer promenerar tillsammans och diskuterar. Du kan lätt tänka dig att de är överens om att det absolut finns möjligheter att tjäna stora pengar. Föreställ dig sedan en grupp människor som alla har det gemensamt att de har stora ekonomiska skulder sedan lång tid tillbaka. Vad tror du att de har för gemensamma åsikter om möjligheterna att skapa en förmögenhet? Föreställ dig nu att du tar två slumpmässigt utvalda personer och placerar dem i de två olika grupperna. Hur tror du det påverkar deras tankar, idéer och föreställningar om pengar, och framför allt om deras möjligheter att själva tjäna pengar?

Att barn väljer samma intressen eller yrke eller "får samma talang" som sina föräldrar handlar knappast om gener (läs om epigenetik — epigenetics — om du vill veta mer om gener) utan snarare om att föräldrarna medvetet eller omedvetet har påverkat barnets tankar och föreställningar om vad som är möjligt, bra eller lämpligt. (Se "Hur uppstår negativt tänkande?" i kapitel 1.)

Det samma gäller naturligtvis även om du exempelvis vill gå ner i vikt eller träffa en livspartner. Vill du gå ner i vikt men samtidigt ständigt umgås med överviktiga, matglada personer kan det bli svårt. Vill du träffa en seriös partner men bara umgås med personer som mest är ute efter att "ragga för natten" lär du heller inte få den rätta inspirationen. Märk väl att jag inte försöker komma med moraliska pekpinnar och påstå att ett livsval är bättre än ett annat. Jag vill bara poängtera att du bör välja rätt umgängeskrets för de mål du satt för dig själv, annars lär du inte få något moraliskt eller psykologiskt stöd av ditt umgänge.

Fundera också över om du ska behålla kontakten med alla i ditt nuvarande kontaktnät. Du behöver dock inte vara dramatisk och bryta kontakten helt med alla du inte gillar. Du kan istället välja hur mycket du umgås med personer som du känner inte vill ditt bästa eller inte lyssnar på dig eller accepterar dig. Du måste själv känna in vad som känns bäst för dig. Gör vad du måste för att bevara din mentala och psykologiska hälsa och inre balans. Ingen annan kan ta det ansvaret för dig.

3. Tänk på vad du tittar på

Vill man tillämpa AL ska man fokusera på att skapa och bibehålla positiva vibrationer i sin energikropp. Negativa visuella intryck stör eller till och med omintetgör dessa positiva vibrationer, beroende på att vårt fokus hamnar på något negativt. Därför bör man vara selektiv med vad man tittar på. Detta gäller i princip alla visuella intryck men kanske framför allt nyheter på TV och radio samt filmer eftersom de i många fall har ett negativt budskap. Visst är det bra att hålla sig ajour med vad som händer i sin omgivning och även i världen i stort. Det går dock en gräns där samhällsnyttig information övergår till ett frossande i negativitet. Det är nämligen skillnad på journalistik och sensationsjournalistik. Försök hitta en källa som ger dig den information du vill ha utan att vältra sig i negativitet. Framför allt bör man undvika dåliga nyheter innan läggdags eftersom hjärnan har en tendens att försöka bearbeta det under natten.

När det gäller filmer är vi alla olika. En del älskar spänning eller till och med skräck och känner sig fulla av energi efter att ha sett sådana filmer. Andra mer känsliga personer mår inte lika bra, i synnerhet inte efter skräckfilmer. Av någon anledning väljer många att se filmer som skildrar deras innersta rädslor. Flygrädda väljer flygkatastrof-filmer, kvinnor som är rädda att bli överfallna väljer filmer som handlar om hur en kvinna blir förföljd, spökrädda väljer skräckfilmer, och så vidare. Vill du ha bra vibrationer bör du reflektera över hur olika filmer påverkar dig och vara selektiv när det gäller dina regelbundna filmval, eller i varje fall inte se upprörande filmer precis innan läggdags.

Ett annat bra tips är att göra sig av med slitna eller trasiga föremål. Åsynen av kantstötta tallrikar, sockor med hål i, inaktuella kataloger — ja i princip allt som inte ser helt och rent och aktuellt ut — kan påverka dig negativt på en medveten eller omedveten nivå. Att rensa ut föremål du inte längre har nytta av höjer också dina vibrationer och energier rent allmänt.

4. Tänk på hur du känner dig

Dina tankar och minnen är bundna till ditt sinnestillstånd. Det innebär att om du *känner dig* glad och positiv så tenderar hjärnan att framkalla just positiva tankar och minnen. Och omvänt: Känner du dig negativ har hjärnan en tendens att framkalla negativa tankar och minnen. Tänk alltså på hur du känner dig för det påverkar i allra högsta grad dina tankar.

5. Tänk på vad du gör

Vad du gör påverkar också hur du mår. Ditt undermedvetna associerar nämligen dina handlingar med känslotillstånd. Det kan ofta röra sig om enkla saker som att när du var liten brukade du följa med dina föräldrar till en viss plats varje lördag och få glass, eller du brukade höra en viss typ av musik när du var ung och fri och kände att livet lekte. Att gå till platsen där du brukade äta glass eller lyssna på musik du brukade höra när du kände dig fri och livet lekte gör att samma inre positiva känsla kan återskapas — även om alla faktorer kanske inte finns med just nu, som dina föräldrar, samma byggnader, din ungdom, etcetera. (Det är för övrigt av denna anledning som den äldre generationen ofta ogillar förändringar i den miljö där de en gång i tiden kände sig bra till mods, exempelvis rivningar av gamla biografer, parker, caféer, också vidare.)

6. Tänk i överflöd

Tänk i överflöd, ej i brist. Detta är en väldigt central tanke i AL. Om du tänker i brist — att det inte finns tillräckligt av någonting — skapar du en vibration av brist i ditt eget energifält. Då drar du enligt AL till dig just situationer där du upplever brist på olika saker. Brist är aldrig något positivt (förutom räkningar och ovänner förstås!) Tittar man på naturen finns där knappast någon naturlig brist på något. Träden, blommorna, insekterna, grässtråna — det myllrar av överflöd överallt. Överflöd är helt enkelt ett naturligt tillstånd i naturen, så länge de rätta förutsättningarna finns. Det är människan som skapar brist genom sitt sätt att tänka och genom att direkt eller indirekt missbruka naturens resurser.

7. Gör det du hade gjort om du redan nått dina mål

Att göra det du hade gjort om du redan nått dina mål innebär att i så stor grad som möjligt röra dig i miljöer och göra saker som du sammankopplar med dina mål. Låt oss säga att ditt mål är att bli skådespelare. Att visualisera räcker bara en bit på vägen. Du bör kombinera det med att ge dig ut i en skådespelares miljöer för att mer konkret få känna på hur det hade känts om du redan var skådespelare. Ta reda på så mycket du kan via nätet. Läs bloggar och forum skrivna av eller för skådespelare. Kontakta en skådespelare — det behöver inte vara en kändis — och be att få göra en enkel intervju. Fråga hur det är att jobba som skådespelare, hur det känns, hur personen tänker. Sätt dig in i det livet. Be att få följa med till en repetition. Prova på hur det är att gå på en scen (utan publik först). Skaffa nya vänner som är eller känner skådespelare. I korthet: Gör din visualisering mer äkta genom att ta in riktiga sinnesintryck. Sedan kan du i din framtida visualisering minnas dina äkta sinnesintryck — hur det var att stå på scenen, känna scengolvet under dina fötter, se ut över alla stolarna, och så vidare.

Vi ska ta ett exempel till, nämligen det vanliga målet att bli rik. Här kan det hjälpa att faktiskt göra saker som du hade gjort om du redan var rik. Hur ska det gå till, kanske du frågar dig själv, om du inte har pengar till det? Det är egentligen ganska enkelt och det behöver inte kosta något alls eller bara lite. Men vi måste först utgå från dig själv. Skriv ner på en lapp vad du hade gjort om du var rik. Många kanske först tänker på de stora sakerna som att resa jorden runt, sluta jobba, köpa lyxhus, lyxbilar, betala av dina lån och näras och käras skulder och kanske skänka pengar till välgörenhet. Men tänker du efter finns det säkert också mindre kostsamma saker som du hade gjort om du var rik. Spontant ta en dagstur till havet eller naturen och bara gå och filosofera, äta en god middag på en fin restaurang, flyga ett flygplan, åka limousine, gå på spa en heldag — det finns säkert massor med sådana saker du kan komma på som hade berikat ditt liv och fått dig att känna dig rik. Du kan säkert åka iväg en dag eller gå på spa, men möjligheten är också stor att du faktiskt kan spaka ett flygplan. Kanske inte varje vecka, men någon gång då och då. Det är inte så dyrt och omöjligt som du kanske tror. Det viktiga här är att du får *känslan* av att vara rik, genom att då och då göra saker som ger dig en känsla av lyx — som om du redan vore rik. (Sedan kan du i din framtida visualisering minnas dina äkta sinnesintryck och därmed få mer känsla i det hela.)

Du kan till och med "leka rik" genom att titta på lyxhus på nätet, som om du var ute efter att köpa ett. Sätt dig in i hur det skulle kännas om du redan hade pengarna men enda "problemet" var att hitta exakt rätt lyxhus med exakt rätt läge. Du kan på samma sätt shoppa lyxbilar, båtar, etcetera, och till och med lägga dem i varukorgen (utan att klicka på köp). Du kan även gå runt i fina butiker och "bara titta" på fina kostymer, kläder, väskor, skor eller riktigt dyr hifi-utrustning — vad du än vill. Intala dig själv att du faktiskt har råd men inte känner för att köpa just nu eller inte lyckats hitta just rätt grej än. För det är faktiskt så rika människor kan tänka. Detta påverkar ditt undermedvetna att fokusera på möjligheterna att faktiskt uppnå detta i verkligheten.

8. Känn tacksamhet

Det finns många viktiga ingredienser i AL och tacksamhet är en av de allra effektivaste. Genom att känna äkta tacksamhet drar du till dig omständigheter som gör att du får fler anledningar att känna dig tacksam. Detta ska dock inte tolkas som att du ska vara tacksam bara så att du kan få mer. Girighet är inte samma sak som att vara tacksam. Girighet bottnar i brist (se punkt 6 ”Tänk i överflöd”) eftersom en girig person aldrig blir nöjd och därmed upplever en ständig brist. Det blir som ett behov som aldrig kan tillgodoses. Nej, äkta tacksamhet innebär att vara djupt och uppriktigt tacksam för allt man har i livet, smått som stort, och för livet självt. Den som kan känna glädje och tacksamhet för något litet har mycket att vara tacksam för.

Många fokuserar på de materiella sakerna i livet när de känner tacksamhet. Men man kan, och bör, absolut vara tacksam även för de icke-materiella sakerna i livet; det som ofta inte kostar något. De flesta som tänker tillbaks på sin barndom, ungdom eller bara tio år tillbaks i tiden gör det ofta med övervägande positiva minnen (såvida deras barndom inte var våldsam eller tragisk) och inte sällan med en viss grad av nostalgi. Tittar man på gamla fotografier är det ofta med ett leende på läpparna, även om man då det begav sig kanske inte kände att livet var perfekt. Man tycker nog att man hade det rätt bra då och att man egentligen hade mycket att vara tacksam för. Det beror säkert till stor del på de personer som man hade i sin närhet och som man kände sig älskad och omhändertagen av; personer som man på den tiden ofta tog för givet. Att ta till vara på sådana saker i nuet och känna tacksamhet för dem man har i sin närhet är ett säkert sätt att höja sina vibrationer och känna sig lyckligare.

Den moderna människan har helt andra förutsättningar och möjligheter än vad människan haft under sin långa historia då hon antagligen inte hade andra mål än att hitta föda, värme samt skydd från faror och väder. Om de fick äta sig mätta, hålla sig varma och inte bli uppätna räknade de sig säkert som framgångsrika och kunde känna sig tacksamma. Idag har människan, i alla fall i den rikare delen av världen, helt andra "problem", exempelvis existentiella dilemman, karriär, relationsproblem — i korthet det som den fattigare delen av jordens befolkning antagligen hade kallat "lyxproblem". Globalt sett har vi i Sverige egentligen stor anledning att känna oss tacksamma. Bara det att ha mat i kylen, en stadig inkomst, tak över huvudet och en säng att sova i innebär att du är rikare än de allra flesta i världen. Många vet inte att nästan hälften (48%) av alla människor i världen faktiskt har mindre än två dollar om dagen att leva på, och att hälften av alla barn i världen lever i fattigdom (referens: 100people.org).

2006 bevittnade jag en liten händelse i Manila som fick mig att tänka efter. Mitt i ett ösregn, av det slag man oftast bara upplever i tropikerna, tog folk skydd eller sprang inomhus så fort de kunde. Men i detta scenario av springande människor stod en ensam kvinna stilla kvar, bredbent med ansiktet vänt uppåt. Hon var uppenbarligen hemlös men i motsats till alla andra var hon tacksam för regnet, som hon njutningsfyllt lät skölja bort damm, smuts och svett från sitt hår, ansikte och kläder. I motsats till alla andra kände hon således tacksamhet för detta renande regn. Detta visar än en gång att allt är relativt och att alla, hur få ägodelar man än har, kan känna äkta tacksamhet.

Man kan också ställa saker på sin spets genom följande tankeexperiment: Hade du sålt dina ben eller armar för en miljon kronor? Nej, jag tror nog inte det. För två miljoner? Tre miljoner? Även om det finns proteser hade nog väldigt få människor gjort det, även om de var utfattiga. Eller hade du sålt dina ögon för tio miljoner? Eller dina barn, dina föräldrar eller din bästa vän? Om du räknar ut hur mycket dina ben, armar, ögon, och eventuella barn och föräldrar och vänner är värda *för dig* kommer du att inse att du på detta annorlunda sätt att räkna egentligen är mångmiljonär! Och även om du har få eller inga ägodelar kan du ändå använda dessa saker när du känner tacksamhet.

Mitt syfte här är inte att peka med ett moraliskt pekfinger och ”förmana fattiga att vara tacksamma trots allt” i någon sorts politisk tanke. Detta har inte med politik eller moral att göra. Vad jag menar är att alla, oavsett omständigheterna, kan hitta något att känna tacksamhet för om de vill höja sina vibrationer med AL. De som till synes inte har något att känna tacksamhet för har alltid något de faktiskt kan använda för att känna tacksamhet. (Precis som de som till synes har allt, även har något de inte är nöjda med.)

Mitt råd här är att du gör en lista över allt du har att vara tacksam för, och sedan läser den varje morgon när du vaknar och varje kväll innan du lägger dig och känner tacksamheten fylla dig. Det är ett ypperligt sätt att påbörja och avsluta varje dag på.

9. Var givmild

Givmildhet är en väldigt positiv känsla som höjer dina vibrationer. Att vara givmild håller din energi i balans. Det finns dock två saker du måste tänka på när det gäller givmildhet: Balans och motiv.

Det måste vara balans mellan att ge till dig själv och ge till andra. Många ger generöst av sig själva till andra — av sin tid, uppmärksamhet, pengar, kunskap, etcetera — men glömmer att ge till sig själva. De unnar inte sig själva något. Detta är ofta en återspegling av lågt självvärde och självkänsla och skapar en obalans i de energier som stöder fritt flöde.

Vi måste därför lära oss att älska oss själva först. Detta låter kanske egoistiskt men det är faktiskt tvärtom. Det är först när du älskar dig själv som du kan vara generös mot andra på ett sant kärleksfullt sätt. Det ena utesluter alltså inte det andra, utan båda är nödvändiga. Utan att älska dig själv är det svårt eller till och med omöjligt att älska andra på rätt sätt.

När det gäller motiv finns det en "hemlig lag" om givmildhet: Lagen om tiofaldigt emottagande. När du ger får du tillbaks tiofaldigt, vare sig det gäller pengar, uppmärksamhet, kärlek eller något annat positivt. Men bara om du ger med ditt hjärta. Om dina motiv för att ge bara är att få mångdubbelt tillbaks så blockeras dina planer av denna lag. Du kan inte lura universum. Det känner av den vibration du ger med, och om du har "baktankar" med att ge något så blockeras energierna och du får ingenting alls tillbaks.

10. Ha balans

Har du läst om någon som kommit över en enorm summa pengar, för att bara några år senare vara helt utblottad? Författaren Camillo Loken berättade om en norsk affärsman som framgångsrikt byggde upp ett affärsföretag och sedan sålde det för runt 1 miljard norska kronor. Därefter började han spendera pengar på ett extremt sätt: Han köpte lyxbilar, lyxvilla i Spanien, dyra aktier, etcetera. Det hela slutade med att han förlorade hela sin förmögenhet på aktierna.

Du kan vara helt säker på att den personen inte känt till Lagen om balans. Det är ännu en av de andliga/universella lagarna, som därtill är relativt okänd för de flesta. Lagen om balans hävdar att det alltid finns en motreaktion på varje reaktion, och för att inte hamna i obalans måste man lära sig att kontrollera sina tankar och känslor. Detta gör man genom att hålla sig relativt lugn och sansad och undvika utdragna extrema känslolägen och humörsvängningar.

En del reagerar kanske på detta och tänker att känslor är en del av livet, och ska man inte kunna få känna sig extatisk och så vidare så är det ju inget riktigt liv. Njae, nu är det inte riktigt det som avses. Själva AL går ju ut på att man *ska* må bra. Det är dock skillnad på känslor i balans och känslor i obalans. Om du är extremt "hög" känslomässigt på ett obalanserat sätt ("flippar ut") ser Lagen om balans till att du svänger tillbaks och upplever en "låg" period. Det är som en pendel som naturligt svänger till andra ytterligheten om den just befunnit sig i motsatt ytterlighet.

Rådet här är att när något bra inträffar i ditt liv så ska du uppskatta det — på ett djupt men samtidigt balanserat sätt. Praktisera regeln om den gyllene medelvägen. Låt inte ditt humör svänga alltför långt åt endera änden av skalan, utan känn glädje på en djup men samtidigt lugn och sansad nivå. Föreställ dig människor som är riktigt rika. Tror du de flippar ut totalt så fort de tjänat någon miljon? Nej, knappast. De blir glada, hoppar kanske entusiastiskt upp och ner några gånger med armarna i vädret, firar med en god middag med sina vänner, och sedan går livet vidare — i balans.

Om du totalt flippar ut, exempelvis när något du önskat manifesteras, säger du ju indirekt till universum att du är överraskad och egentligen inte tror på lagen om attraktion. Detta är en fin balansgång som du måste lära dig att behärska om du till fullo vill få AL att fungera för dig.

Kapitel 5
20 sätt att handskas med negativa tankar och känslor

Detta sista kapitlet handlar om vad du kan göra om du känner att negativitet i form av negativa tankar eller negativa känslor har smugit sig in, trots allt. Även om du har läst hela boken hittills och gör ditt bästa för att fokusera på det positiva och fösa bort det negativa är vi bara människor, inte tänka-positivt-gudar. Det är mänskligt att hamna i tankesvackor då och då, och då kan det vara bra att ha några knep att ta till för att ta sig ur svackorna.

Jag har inte listat metoderna och knepen i någon speciell ordning, utan jag rekommenderar att du läser igenom allihop och först därefter tar den eller dem som du känner kan hjälpa dig bäst. Gör detta varje gång du hamnar i en svacka, eftersom olika metoder antagligen kommer att kännas bäst vid olika tillfällen. Jag rekommenderar att du även repeterar kapitel 1 och 2, eller varför inte hela boken, för att få en välbehövlig tankeboost.

1. Logiskt tänkande, fakta och statistik

Denna metod går ut på att inte låta dig påverkas eller dras iväg av negativa känslor, utan att istället se nyktert, logiskt och rationellt på saker och ting. Ta en titt på dina negativa tankar och fråga dig själv, är det rimligt? Vad säger ditt sunda förnuft? Varför tror du att det är sant? Har du dåliga erfarenheter som gjort dig negativ? Finns det någon statistik om just det?

Om du exempelvis anser att "i min ålder finns det noll chans att....", kolla då istället fakta. Finns det statistik? Är det verkligen så att absolut ingen i din ålder klarar av det? Eller hindrar du dig själv av någon anledning? Kanske är du innerst inne rädd eller osäker? Kanske du rent av tycker synd om dig själv och försöker locka fram sympati från din omgivning så att de, istället för du själv, ska stötta dina idéer?

Jag påstår inte att allting är möjligt, men du förtjänar bättre än att låta dina drömmar grusas av dina egna felaktiga antaganden. Se till att du är din egen bästa vän, inte din egen värsta fiende.

2. Fattigdoms-tänkande

Många får inte del av det överflöd som finns i universum. Ofta beror detta på negativa tankemönster när det gäller pengar eller överflöd i allmänhet. Många har nämligen blivit programmerade och betingade från födseln (se kapitel 1) med fattigdoms-tänkande eller brist-tänkande, vilket skapar tankemönster som inte hjälper oss till lycka och framgång utan istället håller oss tillbaka.

I dessa fall måste vi göra oss kvitt "program", som exempelvis "pengar är roten till allt ont" (i själva verket talar bibeln om *pengabegäret*, inte pengarna i sig självt), "rika människor är aldrig andliga", "rika människor blir aldrig lyckliga", "sanna vänner är som diamanter, dyrbara men sällsynta", "falska vänner är som fallna löv på hösten, de finns överallt", "för att bli andliga måste vi ge upp tanken på pengar och livets alla bekvämligheter", och så vidare.

För att få AL att fungera måste vi omprogrammera eller i varje fall ifrågasätta dessa negativa tankemönster. Ett bra sätt är med den föregående metoden Logiskt tänkande, fakta och statistik. Se även punkt 6 "Tänk i överflöd" i kapitel 4, som handlar om just brist. Det finns också andra metoder som affirmationer, visualisering och hypnos/självhypnos.

3. Missunnsamhet och snålhet

Missunnsamhet och snålhet är negativa känslor som grundar sig i brist-tänkande. De bottnar i en känsla eller övertygelse att det inte finns tillräckligt till alla, så du får inte dela med dig för då får du själv en brist. Detta tänkande skapar garanterat dåliga vibrationer, så känner du på det sättet rekommenderar jag att du repeterar punkt 6 "Tänk i överflöd" och punkt 9 "Var givmild" i kapitel 4.

4. Avundsjuka

Avundsjuka grundar sig på tanken att andra egentligen inte förtjänar det de har — att det bara handlar om tur eller att de har vunnit eller ärvt pengar eller kanske använt sig av olagliga eller omoraliska metoder — och att du själv istället borde ha det de har. Även pressen älskar att skriva rubriker som "så här mycket tjänar din granne" för att spela på folks avundsjuka.

Men egentligen är det ologiskt att vara avundsjuk på någon. Såvida man inte känner personen väldigt väl kan man ju aldrig veta vad någon har gjort för att få det de har eller nå dit de är. De kanske har fått kämpa hårt för det och tagit ekonomiska eller personliga risker som de flesta inte vore villiga att ta.

Dessutom är det så att i princip alla har dolda saker i sitt liv som grumlar deras lycka. Ta som exempel någon som är stenrik. Rika personer drar lätt till sig avundsjuka. Men även om en person är rik så betyder inte det att han eller hon är lycklig på alla sätt och vis. De kan ha problem i familjen, problem att hitta en livskamrat, hälsoproblem eller helt enkelt sakna en högre mening med livet. Tänk alltså på att det egentligen bara är en eller några få aspekter av någon persons liv du är avundsjuk på. Hade du verkligen velat BLI den personen, med allt vad deras liv innebär? Med deras utseende, kropp, hälsa, ålder, make/maka, barn, vänner, intressen, tankesätt och åsikter? Det vore ju som att byta ut hela din själ, hela ditt innersta väsen, den du är.

Ser du på det hela på det sättet har avundsjuka en tendens att tunnas ut. Därmed mår du inte bara bättre utan du höjer dina vibrationer. Inom NLP (neurolingvistisk programmering) kallas detta för omramning (engelskans "re-framing"), det vill säga man väljer att se något ur ett nytt sammanhang, ett nytt perspektiv. Man "byter ram" till de inre bilderna man har.

5. Rädsla för att misslyckas

Rädsla att misslyckas innebär att frukta att man inte duger för den man är; att man måste uppfylla sin egen eller andras uppfattning om framgång för att duga som människa. Den pressen kan vara enorm och har i sin tur en väldigt negativ inverkan på dina vibrationer. Denna rädsla att misslyckas hindrar därför många från att överhuvudtaget ta det första steget mot ett mål.

För att motverka detta kan du tänka som man gör inom NLP. Det finns inga misslyckanden. Det finns bara feedback. Du gör något, och du får feedback eller reaktioner från din omgivning. Denna feedback kan du sedan tolka som något positivt eller som något negativt, men faktum kvarstår: Det är ändå bara feedback — feedback som kan du dra nytta av och lära dig något av.

Det sägs att de som ligger på sin dödsbädd mycket oftare ångrar sådant de *inte* gjort än sådant de gjort. Det ligger något i det, för det finns betydligt fler goda idéer i världen än vad det finns människor som vågar sätta dem i verket, av rädsla för att bli kritiserade. Men det enda sättet att undvika att misslyckas och undvika kritik är egentligen att aldrig göra eller säga något utöver det vanliga. Att aldrig sticka ut. Att inte tro på något "ovanligt". Då blir man oftast accepterad av samhället i stort. Men du måste fråga dig, är det så du vill leva ditt liv? Om du har idéer som du verkligen tror på, hur ska du få andra att tro på dem om du inte själv tror på dem så mycket att du faktiskt försöker sätta dem i verket?

Och vem minns folk mest egentligen? De som aldrig avvek på något sätt utan hade "lagom" åsikter om precis allt; eller de som avvek, som stod för sina åsikter i vått och torrt och därmed gjorde sig öppna för kritik och i förlängningen riskerade att "misslyckas"? Så länge någon har bidragit med något positivt eller banbrytande till samhället — var sig det handlar om konst, musik, böcker, forskning eller något annat — när han/hon väl dör så tävlar alltid media och kändisar om att överträffa varandra i sin beskrivning av hur fantastisk personen var. Eventuella negativa personlighetsdrag eller händelser nämns inte alls, eller omnämns det som småkomisk kuriosa, exempelvis den franske impressionisten Claude Monets buttra och asociala stil. Därmed inte sagt att man har rätt att vara otrevlig. Vad jag menar är att när en person som bidragit med något positivt väl lämnat jordelivet ligger det i människors natur att minnas det positiva och glömma det negativa.

Om du har fått till dig en bra idé, se det alltså som en positiv utmaning hur du ska kunna förverkliga den, och kanske samtidigt hjälpa dina medmänniskor med den. Du kanske inte kommer att lyckas vid första försöket. Eller andra. Eller ens vid ditt tredje försök. Glödlampans uppfinnare Thomas Edison lär ha gjort nästan tusen försök innan han lyckades skapa en fungerande glödlampa. Hur långt tror du han hade kommit om han gett upp efter första eller andra försöket, eller trott att det var ett tecken på att det inte "var meningen" att han ska fortsätta? Vi är alla skapade för att lyckas inom något område — vare sig det är något smått eller stort, eller om det gäller vår personliga utveckling eller något som kan gagna andra.

6. Rädsla för att lyckas

Rädsla för att misslyckas och rädsla för att lyckas är två sidor av samma mörka mynt. Rädsla för att lyckas kanske vid första anblicken verkar vara svårare att förstå. Rädsla för att lyckas innebär att du innerst inne tror att när du väl lyckats så uppstår negativa konsekvenser. Kanske du mister vänner. Kanske du tröttnar på din äkta hälft. Kanske din äkta hälft tar ut skilsmässa. Kanske folk börjar tigga pengar för att du blivit rik. Kanske du tvingas hålla tal inför andra, vilket du avskyr. Kanske du börjar drar till dig uppmärksamhet från alla kanter och håll, och du som värderar lugn och ro framför allt annat. Därför kan en situation uppstå där du, åtminstone på ett omedvetet plan, är rädd för att lyckas. Av dessa anledningar bör du noga fundera på och känna efter om något mål du har problem med kanske beror på detta.

7. Att inte förtjäna något

Känslan av att inte förtjäna något är en djupt destruktiv känsla som lätt omintetgör dina planer och ansträngningar att nå dina mål med AL. Därför tar jag upp detta på flera ställen i boken. Om du känner att du inte förtjänar något kommer du med största sannolikhet inte heller att få det, för ditt kraftfulla undermedvetna kommer att hindra dig. Då får du bearbeta önskningen med metoderna i kapitel 2. Hypnos eller självhypnos kan också vara till hjälp.

8. ”Varför kan jag inte...”

Är man negativt inställd till något är det lätt till hands att ge uttryck för negativiteten i ord och fråga sig ”varför kan jag inte..." eller "varför går det inte att..." och andra negativa generaliseringar. Problemet ligger i själva formuleringen. Dessa till synes neutrala frågor är egentligen långt ifrån neutrala, på grund av den känsla de oftast åtföljs av: Allmän negativitet, hopplöshet, självömkan, ironi eller sarkasm. Och som du vet vid det här laget är det inte tanken i sig utan den därmed associerade känslan som påverkar dina vibrationer.

Genom att istället fråga dig själv "hur skulle jag kunna..." — exempelvis "hur skulle jag kunna tjäna mer pengar?" — så ändrar du hjärnans fokus till att söka efter möjligheter och lösningar istället för att uppehålla dig vid i olika former av negativitet.

Jag säger uppehålla dig vid, för vi är som sagt människor, inte tänka-positivt-gudar, och att då och då känna negativitet, hopplöshet, självömkan, ironi eller till och med sarkasm är mänskligt och en del har till och med ett behov att det — och det är ok, så länge som du inte uppehåller dig vid känslan en längre tid.

9. "Jag har inte råd..."

Säg aldrig "jag har inte råd". Tänkt inte det ens. Och framför allt, *känn inte så*. Ta helt enkelt bort de orden från ditt tankesätt. Nu menar jag inte att du ska vara ekonomiskt oansvarig och köpa allt du vill ha. Vad jag menar är att du ska ändra din formulering så att du skapar bättre känslor. Det gör du genom att istället säga eller tänka "jag väljer att inte köpa det här just nu" eller "jag köper det en annan gång". Det kanske inte verkar vara någon stor skillnad, men vibrationsmässigt är det just en enorm skillnad. Tänk efter: Hur tänker någon som är stenrik? Just det. Att de för tillfället inte har *lust* eller *vill* eller *känner för* att köpa något. Men aldrig att de inte *kan* eller inte har *råd* att göra det.

Återigen är det viktiga här att få eller bibehålla den rätta känslan och därmed vibrationen. Brist på pengar är en negativ känsla. Gott om pengar är en positiv. Vi väljer naturligtvis den positiva. Märk väl att du egentligen inte ljuger för dig själv om du tänker att du "väljer att inte köpa något just nu". För det kan ju faktiskt vara sant, beroende på hur du ser det hela. Att "vara ärliga mot oss själva" eller att "säga som det är" med dåligt valda ord kommer bara att cementera i ditt undermedvetna att du faktiskt inte har råd. Och vad finns det för fördelar med det? Inga alls.

10. "Räkningar — hur kul är det?"

Många mår dåligt av att betala räkningar och tänker kanske som så att de skulle kunna ha så mycket roligare för sina surt förvärvade pengar än att just betala räkningar med dem. Jo, det ligger nog en sanning i det. Nu handlar det dock om att må bra och då är det kontraproduktivt att ha tankar som man mår dåligt av. Hur ska vi tänka när det gäller räkningar då?

Jo, vi kan välja att vara tacksamma för att vi faktiskt kan betala dem. Som du läste i punkt 8 "Känn tacksamhet" i kapitel 4 är tacksamhet en väldigt positiv och kraftfull känsla. Tänker du efter finns det väldigt många som hamnat i kronofogdens register på grund av obetalda

räkningar. Beloppen är ofta låga, ett par tusen kronor eller
så. Ser du det hela utifrån det perspektivet, och att du
genom att betala räkningar faktiskt får tillgång till tjänster
eller saker som de flesta på jorden antagligen inte skulle ha
råd med, förstår du nog vad jag menar när jag säger att man
kan välja att vara tacksam för att ha råd att betala sina
räkningar.

11. "Att vänta — hur kul är det?"

Att behöva vänta kan kännas negativt av flera olika
anledningar, speciellt om det gäller en försening och man
inte kan göra mycket annat än att just vänta. Kanske du
väntar på en försenad buss eller flyg, eller någon du är
beroende av är sen. Man kan då känna att man hade kunnat
använda tiden till något annat istället, eller bli arg för att
man känner sig som ett offer för någon annans slarv. Och
det hjälper ju inte att tiden verkar gå så oändligt långsamt
när man väntar. 10 minuters extra väntan kan lätt kännas
som en halvtimme. Det hela är faktiskt lite paradoxalt, för
många klagar på att de stressar för mycket, och när de väl
får oväntad extratid blir det bara ytterligare en källa till
stress. Hur kan man vända detta till något positivt?

Du kan helt enkelt ändra attityd till den extra påtvingade
tiden. Om du ser det som en gåva — en liten oas i tiden där
du faktiskt inte behöver göra någonting alls och där det inte
finns några som helst krav på dig — så blir det säkert lättare
för dig att "handskas" med denna extrastund. Se stunden
som en skänk från ovan. Som en välbehövlig lugn stund; en
lyxig och kravlös tankeoas för dig själv och dina innersta
tankar.

12. Problem

Alla upplever nog att problem uppstår då och då i livet. När det gäller problem finns det två aspekter vi måste vara medvetna om för att vi inte ska dras ner i en negativ spiral.

Den första aspekten är rent praktisk. Går problemet att lösa eller ej? Detta låter väldigt enkelt, och det är det egentligen också. Eller rättare sagt det borde vara såpass enkelt. Fundera över hur mycket tid folk lägger på att fokusera på problem som de egentligen inte kan lösa. Det kan röra sig om att de vill att andra ska bete sig eller tänka på ett visst sätt, eller handla om yttre omständigheter de inte kan förändra, som vädret eller landets ekonomi (såvida personen inte är ekonomipolitiker på hög nivå).

Den amerikanske teologen Reinhold Niebuhr uttryckte sig klokt i sin bön "Fader, ge mig styrka och mod att förändra det som bör förändras, sinnesro att acceptera det jag inte kan göra något åt, och klokhet att skilja dessa två ting åt." Detta är väldigt kloka ord. Det är stor skillnad på att lösa problem och att älta negativa tankar. Du måste naturligtvis ha helt klart för dig vilken av dessa två kategorier som ditt problem tillhör och bara fokusera din tid och energi på att förändra det du verkligen kan förändra. Och man måste oftast börja med sig själv, sina inre tankar och åsikter.

Den andra aspekten är själva ordet problem, som kan påverka hur vi mår. "Problemet" med ordet problem ligger i känslan som de flesta får när de tänker på, uttalar eller hör ordet problem. Det associeras med något negativt — något jobbigt eller till och med oövervinnligt. Om du istället använder ordet "utmaning" så skiftas associationerna till något som kan tolkas som positivt och spännande. Precis som i föregående stycke är det viktiga här att få eller bibehålla den rätta känslan och därmed vibrationen.

13. Stress

Alla stressar vi då och då. Stress och jäkt är en del av livet. En del är dock nästan konstant stressade, och de som stressar jämt har som regel inte så många positiva tankar. Om du känner att du stressar i så hög grad att det hindrar dig från att fokusera på positiva tankar så rekommenderar jag allmän avslappning eller meditation. Annars blir det som att hela tiden gå i motvind. Att försöka få en stressad hjärna, som faktiskt tror du är hotad till livet, att fokusera på positiva tankar är som att föreslå till en kvinna som är på väg till BB för att föda att hon först stannar till på ett fik för att ta en kopp té och varva ner lite.

Att förklara hur man slappnar av effektivt eller mediterar kräver egentligen en hel bok. Men alla kan, och bör, dagligen avsätta en stund för att sitta eller ligga med slutna ögon och bara låta kroppen och hjärnan varva ner. Du kan här med fördel visualisera att du befinner dig i en lugnande omgivning, kanske en strand eller en skogsdunge. Din hjärna kommer då att tro att den faktiskt befinner sig i en sådan lugnande omgivning och därmed slappna av.

Meditation är ett mer djupgående alternativ till avslappning. De allra flesta känner till meditation och de flesta hälsoexperter brukar också rekommendera meditation som ett viktigt redskap att motarbeta vardagsstressen. Det finns mängder av olika former av meditation. Det de flesta meditationsformer har gemensamt är att de får både kropp och tankar och därmed det undermedvetna att slappna av. Meditation med ett mantra (den mest kända formen kallas TM — Transcendental Meditation) kan på basis av åtskilliga vetenskapliga undersökningar där man mäter meditatörers hjärnvågor och stressnivåer anses vara den meditationsform som effektivast löser upp stress ur nervsystemet. (Jag lär själv ut mantra-meditation.) Sedan finns det andra former där generell avslappning utgör det centrala; ofta i form av en guidad meditation där en person guidar de andra hur de ska tänka och visualisera för att slappna av. Den formen passar mer dem som vill koppla av då och då och inte vill förbinda sig till daglig meditation. Det finns även CDs och ljudfiler med guidad meditation/avslappning. Känns det som att meditation verkar vara något för dig så kan du prova olika former och se vad som passar dig bäst.

EFT, en förkortning av engelskans Emotional Freedom Techniques som på svenska blir ungefär Tekniker för känslomässig frihet, är en annan teknik som kan användas som avslappning och även som terapi. EFT grundar sig på akupunktur men istället för att använda nålar använder man fingertopparna och "knackar" lätt på olika punkter på huvudet, i ansiktet och övriga kroppen medan man samtidigt fokuserar mentalt på det som besvärar en, exempelvis stress eller negativa tankar, känslor och minnen. Rätt utfört kan stressen eller tankarna/känslorna minska eller till och med helt försvinna, och dessutom förvånansvärt snabbt. EFT är fortfarande relativt okänt i Sverige men i många andra länder, exempelvis Norge, England och USA, är det mer känt och används ibland till och med inom sjukvården. Naturligtvis finns det kritik mot EFT (precis som det finns kritik mot precis allting annat), vanligtvis att det skulle sakna vetenskaplig grund. Men man ska hålla i minnet att punkterna man behandlar faktiskt bygger på den klassiska akupunkturen som ju är godkänd av socialstyrelsen och används inom svensk sjukvård. De som använt EFT på ett korrekt sätt anser det vanligtvis vara en mycket effektiv, mångsidig och mjuk metod som dessutom är relativt lätt att använda på sig själv.

14. Skräpfilms-syndromet

Ibland snurrar negativa tankar runt i huvudet som en loop. Ofta kretsar de kring en specifik negativ tanke eller situation — något vi känner att vi inte klarar av att hantera eller smälta. Då har tankarna en tendens att bara fortsätta snurra runt, med den effekten att vi fokuserar på det som stör oss och därmed bara mår sämre och sämre.

Man kan egentligen likna detta vid att se en riktigt dålig film. Alla har nog sett en riktig skräpfilm någon gång. (I alla fall vad du *upplever* som en skräpfilm, eftersom smaken är olika.) Då vill jag fråga dig, såg du om den? Nä, jag trodde väl det. Du kanske inte ens såg färdigt filmen — vilket inte är så konstigt med tanke på hur många andra och mycket bättre filmer du kan se istället, med dagens enorma medieutbud.

Men egentligen är det precis samma sak med negativa tankar. Att dröja kvar vid dem är som att se om en skräpfilm. För det finns ju som sagt hur många positiva tankar som helst som du kan fokusera på istället. Som alltid när det gäller AL handlar det i grund och botten om vad du *väljer* att sätta ditt fokus på. Negativa tankar, som du mår dåligt av, eller positiva, som du mår bra av.

15. ”Dörrvakten”

Ett av det mest rättframma sättet att mota negativa tankar är det jag beskrev i de fyra stegen i kapitel 2, nämligen att medvetet och systematiskt ersätta alla negativa tankar med positiva tills det har blivit en vana att tänka positivt. Ett annat sätt är att tyst eller högt säga till dig själv ”nästa”, med innebörden ”nästa tanke tack”. Du blir lite som en dörrvakt som bara låter rätt gäster passera, det vill säga de positiva tankarna.

Ditt undermedvetna gillar vanor, och du måste bryta dess vanemönster för att förändra det. Detta kan ta många dagar eller till och med flera veckor, men det är väl spenderad tid. Oavsett vilken metod du föredrar, var konsekvent och vänj ditt undermedvetna vid att så fort det skickar en negativ tanke så byter du ut den mot en positiv. Kom ihåg att ditt undermedvetna vill dig väl och att det kommer att förändra sig bara du ger det tid.

16. ”Vindrutetorkaren”

Om du brukar köra bil, vad gör du om det kommit smuts på vindrutan? Just det, du startar vindrutetorkaren. Och du kan faktiskt använda denna symboliken eller metaforen med negativa tankar: De kan liknas vid smuts på vindrutan, och detta "mentala smuts" kan du ta bort med en mental vindrutetorkare genom att visualisera det hela. Denna metoden fungerar naturligtvis bättre om du är bra på att visualisera, men tänk på att övning ger färdighet.

17. Ge hjärnan godis

Du kan också få hjärnan att skifta fokus. Ett bra sätt är att helt enkelt ge den något intressant att titta eller lyssna på istället för de negativa mentala bilder som finns där just nu. En film som du gillar är bra eftersom det involverar både syn- och hörselintryck som dessutom skapar bra känslor inom dig. En god bok är också bra och hjärnan kan själv skapa bilder till det du läser. Att lyssna på din favoritmusik är ett annat sätt. Du kan också bege dig utomhus och ta in intryck från en vacker omgivning — eller varför inte umgås med en god vän?

Naturligtvis ska du välja intryck som balanserar det negativa. Känner du dig ledsen ska du inte se en sorglig film, och är du arg ska du nog inte se en slagsmålsfilm — såvida du inte vet med dig att du får ut dina sorger eller aggressioner på det sättet. Exakt vad du väljer är upp till dig. Du är trots allt den som känner dig själv bäst. Det viktiga här är att ge hjärnan "godis", det vill säga sinnesintryck den tycker om, eftersom den då högst sannolikt kommer att nappa på det och snabbt tappa sitt tidigare fokus på det negativa.

18. "Berätta goda nyheter"

Ytterligare ett sätt att få hjärnan att skifta fokus från negativa till positiva tankar är genom att *prata om något positivt*. Så länge som du pratar om något positivt är det nämligen omöjligt för hjärnan att tänka på något negativt. Den klarar inte av att fokusera på något positivt och något negativt på samma gång. Du tvingar alltså hjärnan att fokusera på något positivt.

Rent praktiskt kanske det inte är så lätt alltid, för du kanske inte alltid har någon vän tillgänglig som vill lyssna på ditt genompositiva prat. Men du behöver faktiskt inte ha någon som lyssnar på dig. Det viktiga är att du *säger* något positivt. Du kan alltså mycket väl tala till en inbillad vän via telefon, eller föreställa dig att han/hon finns bredvid dig, och bara prata på och säga väldigt positiva saker. Din hjärna kommer inte att veta skillnaden på en verklig eller inbillad lyssnare. (Eventuella åhörare kommer dock att veta skillnaden, så använder du dig av en "låtsasvän" bör naturligtvis göra det när du är ensam.)

19. "Pessimistiska kvarten"

Vissa personer har ett så djupt rotat psykologiskt behov av att bekymra sig, oroa sig eller älta negativa tankar att de inte klarar av att helt utesluta detta. De kan till och med må dåligt om de helt försöker utesluta det — hur konstigt det än kan låta för vissa. Man kan faktiskt jämföra det med god mat, goda viner, desserter, choklad och fina cigarrer; många *vill* helt enkelt inte helt utesluta dessa saker trots att de inte alltid är så bra för hälsan.

Lösningen i detta fall är inte att till varje pris fösa bort alla negativa tankar dygnet runt, utan att tillåta hjärnan att få utlopp för dem istället, men under ordnade former. Det kan gå till på så sätt att du avsätter en liten stund varje dag, exempelvis mellan klockan 17.00 och 17.15, då du kan bekymra dig, oroa dig och tänka hur negativt du vill. Ett råd är att i så fall inte göra det för sent på kvällen då det kan påverka nattsömnen negativt.

20. Le!

Jag sparade det (bokstavligen!) roligaste sättet att mota negativa tankar till sist. Nämligen att le. Vi avslutar alltså boken där den började: Med omslagets leende ansikte. Att le är en metod som de allra flesta inte tänker på. De flesta ler ju ändå regelbundet och blir kanske ändå inte gladare för det, i alla fall inte i längden. Leendets sanna kraft har alltså tyvärr en tendens att hamna i skymundan i dagens medicinerande värld där tabletter intas i stora mängder för att folk ska bli glada eller lyckliga.

Nu är det här ingen bok om hur man på medicinsk väg behandlar depressioner, och jag rekommenderar heller inte deprimerade personer att ta till denna metoden istället för att rådfråga läkare. Denna metod är till för friska personer som vill ha en enkel och naturlig metod att framkalla hjärnans egna må-bra-hormoner endorfin och serotonin. Endorfiner tillhör faktiskt samma klass som opiater, och ordet endorfin betyder egentligen "morfin som finns naturligt i kroppen". De är naturliga smärtlindrare och ligger bland annat bakom det lyckorus som långdistanslöpare och andra sportutövare ofta upplever efter en stunds hård fysisk aktivitet. Serotonin är ett antidepressivt hormon som bland annat antas reglera humöret. (Forskare är dock inte klara över om en låg serotonin-nivå orsakar depression eller om det är depressionen som sänker serotonin-nivån.)

Hemligheten i att använda leendet som en lyckoteknik ligger i något som de flesta glömmer bort, nämligen varaktigheten. Man ska le i åtminstone en minut, och längre om man kan eller behöver. En minut är egentligen inte så lång tid, men i detta sammanhang kan det kännas onaturligt, för hur många ler egentligen så länge naturligt? Ett leende brukar normalt bara vara någon eller några sekunder, och då hinner inte hjärnan riktigt med — eller snarare har ingen anledning — att utsöndra så mycket må-bra-hormoner.

När du utövar denna "le-metod", le då stort — ett riktigt vargagrin. (Du kan även välja att skratta om du föredrar det.) Det är naturligtvis bäst att göra detta utan åskådare. Om det känns falskt eller onaturligt, bara fortsätt ändå. Det är din hjärna du ska övertyga, inte någon publik. Du kommer snart att märka en skillnad i ditt humör, speciellt om du normalt sett inte ler särskilt ofta eller särskilt stort. Effekten du märker är ett direkt resultat av din hjärnas tolkning av ditt leende. Den tror nämligen att du faktiskt är glad och skickar då snabbt ut ovan nämnda må-bra-hormoner. (Undantaget är de sällsynta fall där någon har en kemisk obalans i hjärnan.) Du manipulerar således din hjärna, och den belönar dig med sina må-bra-hormoner. Fantastiskt va? Metoden är helt gratis, tar bara en minut och ger nästan garanterat resultat. Du har helt enkelt inget att förlora på att le :)

Efterord

Min stora förhoppning med denna bok är att du, kära läsare, får sann glädje och praktisk nytta av den hela livet, och att den verkligen höjer din livskvalitet. Mina slutråd blir: Tänk inte på omständigheter eller personer som du inte tycker om. Tänk istället på det och på dem du tycker om. Ditt inre välmående och din lycka hänger på det. Och du förtjänar ett lyckligt liv.

En kort självbiografi

Så länge jag kan minnas har jag slukat böcker om populärvetenskap, populärpsykologi, filosofi, oförklarliga mysterier, kroppsspråk, positivt tänkande, hypnos, sinnets okända krafter, meditation, inre balans, healing, reflexologi — ja i stort sett allt som vidgade min inre värld och förklarade den yttre världen. Jag har alltid varit en fritänkare och inte haft något större intresse (och säkert inte heller tillräckligt tålamod!) för en formell psykologiutbildning. Jag har alltid varit mer intresserad av kunskap som ligger utanför det de flesta skolor och utbildningar erbjuder: Strategiskt tänkande, psykologisk taktik och mentala knep, allt för att kunna handskas med besvärliga personer och situationer.

Jag tror att mitt intresse för inre balans och välmående delvis härrör från det faktum att jag tillhör den relativt stora skaran högkänslig person. Detta är ett medfött personlighetsdrag som delas av 15-20 procent av alla människor. Det innebär bland annat att det alltid har varit viktigt för mig att alla mår bra och behandlar varandra med respekt, och att jag på gott och på ont "känner av" konflikter mer än de flesta. Synskhet i olika former förekommer också på båda mina föräldrars sida. Min fars mormor Hilda var byns helbrägdagörerska och botade sjuka. Dessutom är jag ansiktsblind (den medicinska benämningen är prosopagnosi) och jag känner normalt sett inte igen personer förrän jag träffat dem ett flertal gånger — åtminstone betydligt fler gånger än de allra flesta behöver för att känna igen någon. Istället har jag en tendens att tona in på personers känslolägen. Jag får ett slags emotionellt intryck som minnesbild istället för ansiktet. När folk berättar vad de tycker om eller inte tycker om brukar det också etsa sig fast i mitt minne, vare sig det rör sig om att någon gillar päronsmak, ogillar gröt eller älskar någon speciell film eller musikartist.

År 2010 fick mitt intresse för självförbättring en ny skjuts och jag började gå kurser och distanskurser i kroppsspråk, ansiktsuttryck, NLP (neurolingvistisk programmering), konflikthantering, life coaching, EFT (Emotional Freedom Techniques), attraktionslagen, hypnos, energimedicin, meditation, etcetera, samt olika former av självförsvar och närkamp. Alla dessa tekniker var som version 2,0 av allt jag hade studerat tidigare och gav mig en massa användbar kunskap om livet. Sedan 2011 arbetar jag också som deltidsinstruktör och lärare i flera av dessa tekniker. Den 1 november 2012 gav jag ut min första bok på engelska, och fler har följt efter det. Det kanske låter som om jag vill kunna precis allting men i själva verket är jag bara outtröttligt nyfiken på allt som kan förbättra mitt och andras liv. Att ha en bred kunskap ger ett vidare perspektiv på saker och ting och man ser hur allting hänger samman. Ytterst sett handlar det också om inre frid kontra styrka och kraft (yin och yang). Utan båda har du varken eller. Utan inre frid kan du inte till fullo njuta av din styrka och kraft, och utan styrka och kraft kan du inte försvara din inre frid.

Jonas Wårstad på nätet
www.jonaswarstad.com

Här hittar du information om mina böcker (de flesta är på engelska) och de olika tekniker, behandlingar och tjänster jag tillhandahåller, bland annat självförsvar, konflikthantering, att läsa kroppsspråk och ansiktsuttryck, att upptäcka lögner, meditation & avslappning, attraktionslagen och EFT.

http://www.discog.info/

Min internationella sida som musikälskare. Här finns diskografier över alla grupper och artister jag lärt mig älska sedan jag var gammal nog att uppskatta musik.

Kontakta mig

Du kan nå mig via epost, info@jonaswarstad.com eller discoginfo@yahoo.com. Det går också bra att kontakta mig via facebook. Jag har två facebook-sidor. En svensk (Jonas Wårstad) och en författarsida för min engelsktalande publik (Jonas Warstad).

PS

Om du tyckte om min bok hade jag uppskattat stort om du tog dig tid att skriva en liten recension och/eller berätta om den på sociala medier. Eventuella tips om förbättringar lovar jag också att läsa med öppet sinne. Denna bok är ju när allt kommer omkring till för Dig, läsaren.